JN217820

「リベラル」という病

奇怪すぎる日本型反知性主義

岩田 温
Atsushi Iwata

彩図社

はじめに

「リベラル」について簡潔に定義することは難しい。これを自由主義と翻訳してみても、「自由」という言葉の意味が色々と考えられるからだ。古代ギリシアのソクラテス以来、様々な思想家によって自由について様々な考察がなされてきた。思想家の数だけ自由の定義があるといってもおかしくないほど、様々な自由論がある。その中には全く賛同できないようなものもあるが、多くの自由論がそれなりに興味深い。影響力という観点から見れば、二〇世紀の思想家ではジョン・ロールズの存在を無視できないだろう。彼が『正義論』という著作を書いて以来、「リベラル」という言葉の意味が劇的に変化を遂げてしまったのだ。

だが、本書で私が展開しようとするのは、そうした自由についての思想家の定義を整理する作業ではない。私なりの自由についての考察を書こうというのでもない。

私は本書において現代日本で「リベラル」を自称する人々の奇怪な言説を取り上げ、徹底的に批判する。こうした人々が本当に「リベラル」と呼ばれるべきなのか、再検討を促したいのだ。「リベラル」を批判する前に言っておかねばならないが、私自身は自由を愛するものの一人である。個人の自由を最大限尊重すべきだと考えているし、政府などが個人の自由に関して過度に容喙《ようかい》することに対して懐疑的だ。率直に言ってしまえば、自分自身がかなり我儘《わがまま》な人間なので、基本的に自分のことは自分で決めたい。他人に何か言われたくない。仮に自分自身のことを他人に何か不当に命令されれば腹が立つ。

●国民の健康を気遣ったナチス

以前、ある地域で行政が積極的に市民の一日分の塩分摂取量を減らして、健康的な街を実現したという報道があった。調査員が各家庭の味噌汁の塩分量までも調査するとのことだった。私は長生きしたくないわけではないが、それぞれの家庭のことにここまで他人に介入されるのは嫌だと思った。確かに塩分の摂取量を減らせば、長生きできる可能性が高まるのかもしれない。だが、味噌汁の味付けくらい、自分で決めさせて欲しいと思ってしまうのだ。たかが味噌汁の味付けの問題で目くじらを立てるなと思われるかもしれないが、私は案外重要なことだと考えている。

独裁者ヒトラーの率いるナチス・ドイツが国民の健康に異常なほどに気を配る政権だったことはあまり知られていない。ヒトラーは菜食主義者でアルコールもタバコも嫌悪していた。世界の中で最も行政が力を入れた禁煙運動はナチスが展開したものに他ならなかった。ヒトラー・ユーゲントというナチスの青少年組織では「栄養摂取は個人の問題ではない！」とのスローガンが手帳に記載され、バランスのとれた、健康的な食事をするように指導されていた。

ナチスが禁煙運動や食事の指導を展開していたから、禁煙運動や食事の指導がよくないといいたいわけではない。国民のすべてを管理しようとするナチスの独裁が喫煙や個人の食生活にまで及んだことに注目したいのだ。確かにナチスのこうした運動は、国民の長寿のためには合理的な政策といえるだろう。だが、「栄養摂取は個人の問題ではない」という言葉に表されているような個人の自由を抑圧する姿勢に私は危険なものを感じざるを得ないのだ。徹底的に合理的であろうとするならば、ナチスのこの健康政策は是とされるべきであろう。だが、私は自由を守るという観点から、この科学的に正しい健康政策を是としない。

何故なら、若干の「愚行」の選択まで個人の自由に含まれるべきだと考えるからだ。多くの人々は健康で長生きをしたいと思うだろう。だが、必ずしもそれだけが人生の目的ではないはずだ。必ずしも健康的とはいえない食事や喫煙、飲酒こそが、人生に潤いを与えるものだと考える人がいてもいいはずだ。好きな食べ物を食べることをやめてまで長生きしたくないという考えは、非合理的かもしれないが、否定されるべきではない。それは一つの価値観であって、国家によって否定されるべき価値観ではないだろう。

勿論、個人の自由を尊重するからといって、全てを認めろというわけにはいかない。当然のことながら、殺人や強盗も個人の自由だというわけにはいかないし、飲酒や喫煙が認められるからといって、覚醒剤のような麻薬が認められるべきだとも思わない。殺人や強盗が禁じられるのは当然としても、個人の自由の範囲を定めるに際して、重要になってくるのがバランス感覚だろう。あることが個人の自由の範疇に属すべき事柄なのか、社会が禁ずるべき範疇に属すべき事柄なのかは、杓子定規に定めることができない。なるべく個人の自由を尊重しながらも、やはり危険極まりないという行為に関しては、社会、国家が禁止していく必要があろう。

ナチスのような全体主義国家では、国民生活の全てが国家に管理され、全国民に国家が是とした価値観が強要された。こうした個人の自由を認めぬような政治体制に対して、私は心の底からの嫌悪感を抱かざるを得ない。その意味で私は、個人の自由を最大限尊重すべきだと考えている人間なのである。

●弱者に寄り添うことは政治の基本

また、社会の中におけるいわれなき差別や偏見に対して抗い、弱者にも「人権」を認めるべきだという主張にも賛同する。各人の能力差が生ずることは自然の理で、これを否定してみても始まらない。いくら人間が平等だといってみても、現実には圧倒的な差がある事実は否定できない。人の寿命や健康状態、容姿の美醜や身体的能力等々、あらゆる面で人間には差がある。だが、それでも一人ひとりの人格は尊重されねばならないし、平等に扱われなければならない。弱肉強食こそがこの世の掟であり、弱者は淘汰されるべきだと考えるべきではないだろう。人間は動物ではない。一人ひとりの存在、生き方が尊重されるべきだろう。

障害をもってこの世に生まれてきた人々、マイノリティ（少数派）としてこの世に生を享けた人々、すべての人々が幸福を追求する権利がある。こうした幸福追求を他者が否定することがあってはならない。

一人ひとりの国民の生きる価値の有無の判断を国家が行い、「生きる価値のない人」を殺害したのがナチスだった。ナチスがユダヤ人虐殺を実行したことは広く知られているが、ナチスは、ユダヤ人殺害に先駆けて、障害者、性的マイノリティの人々を殺害した。生きている価値がない劣った人間だというのが、その根拠だった。驚くべきことに多くの科学者たちもこのナチスの虐殺を支持したのだ。彼らが信奉していたのが「優生学」という学問だった。劣った人々の血が優れた人々の血を脅かすという思想で、「科学」の装いをこらしてはいたが、その実際は、大量虐殺を肯定する悪魔の思想に他ならなかった。

障害者殺害作戦は本部がティーアガルテン通り四番地に置かれたことから、Ｔ４作戦と名付けられた。全国の病院にリストを提出させ、「生きている価値のない人間」を国家が決定し、ガス室で殺戮した。無邪気な子供たちにも例外はなく「灰色のトラック」が全国の病院をまわり、「生きる価値の無い人々」を無慈悲に連れ出し、殺戮した。

私が最も衝撃を受けたのは、一枚の写真に付されたコメントだ。車椅子に乗った障害者と一人の健康的でハンサムな青年が写っている写真がある。この写真自体は、別に驚くような写真ではない。だが、そこに付された言葉が衝撃的なのだ。

「この立派な人間が、こんな、われわれの社会を脅かす気違いの世話に専念している。われわれはこの図を恥ずべきではないか」

恥ずべきなのは、こうした言葉を平然と使う側の人間であって、障害者に罪はない。社会的弱者を生きる価値のない人々と決めつけるのはあまりに傲慢で残酷な態度で、こういう態度をよしとすることはできない。

弱者に対する配慮のない政治は、政治ではない。政治という営みは、自然の営みとは異なる。残念ながら、放置しておけば永遠に改善されない不条理や差別というものが厳然と存在している。我々の限られた理性と資源とを駆使して、そうした不条理、差別を僅かなりとも是正しようと試みる反自然的な試みこそが政治にほかならない。放置しておけば淘汰されかねない社会的弱者を救済することは政治の基本的な責務というべきだろう。

個人の自由を最大限尊重すること。

社会的弱者の声に耳を傾け、そうした人々のことも同じ人間として尊重すること。

仮にこうした姿勢をリベラルな姿勢と呼ぶなら、私もリベラルな一人といってよい。

●奇怪な「リベラル」たちの反知性主義

私が本書で今から試みるのはこうしたリベラルに対する批判ではない。こうしたリベラルとは相当異なる日本における極めて奇怪な自称「リベラル」たちを徹底的に批判する。

何故、私はそうした自称「リベラル」を批判するのか。それは、日本でリベラルを自称する人々の奇怪な主張が、自由の尊重や社会的弱者に対する配慮とは無関係でありながら、リベラルの条件のように語られているからである。我が国の「リベラル」という言葉には、極めて特殊な意味合いが込められている。私はこの日本における特殊な「リベラル」を批判しようというのである。批判の対象を「リベラル」とカッコ書きにしているのは、そういう意図からである。個人の自由を尊重し、社会的弱者の人格を尊重する。そんなことに反対しようとしているわけではない。

全く現実を無視したような奇怪な言説を展開する人々がリベラルを自称することに強い憤りを感じているから、自称「リベラル」を批判するのだ。

日本でリベラルを自称する人たちには、顕著な特徴がある。それは、現実をみつめようとせず、愚かな観念論に固執することだ。極めて反知性主義的な態度だといってよい。

例えば、「リベラル」は「平和憲法を護れ」と絶叫する。

だが、本当に守るべきものは、日本の平和そのものではないのか。憲法も含め、ありとあらゆる手段を用いて、日本の平和を守ることが重要なのではないか。彼らが神のごとく崇め奉る「平和憲法」にわずかでも手を触れようとすると、自分たちの全人格が否定されたかのように興奮するが、冷静に考えれば、憲法それ自体が平和を担保するものではないのだから、平和のために憲法を見直すことがあっても異常なことではない。

また、「平和憲法を護れ」という人々は、自分たちの反対者を「戦争を好む人々」であるかのように非難するが、本当に積極的に戦争をしたいと願う人々など日本に存在するのだろうか。彼らの望みもまた日本の平和であり、この日本の平和を守るための手段が異なるだけなのではないだろうか。

さらに言えば、「平和憲法」は手段として本当に有効であったかの吟味もなされなければならないだろう。「リベラル」は「平和憲法があったから日本は平和だ」というが、本当なのだろうか。日本には自衛隊があり、日米同盟によって強力な米軍が駐留していたから平和であっただけで、「平和憲法」とは無関係ではなかったのか。

「リベラル」はこうした冷静な議論を徹底的に避ける。

知的な議論を避け、「平和憲法を護れ」のスローガンに終始する態度は、「リベラル」というよりも、「反知性主義」といったほうが適切だろう。まるで現実を見ないで、自分たちの希望的な観測に耽溺《たんでき》する。客観的に言えば、見たくない現実から目を背けているだけだ。彼らは作られたスローガンに拝跪するばかりで、知性を働かそうとしない。知性による説得を無視して、虚構と妄想の仮想世界こそが現実の世界であるかのように主張する。

自分たちの虚構、妄想の世界を否定するような冷静で論理的な批判に対して、正面から返答することができないから、「リベラル」は大袈裟な表現で国民を脅す。例えば、集団的自衛権の行使が可能になれば、「徴兵制がやってくる」「戦争がはじまる」という馬鹿馬鹿しい批判があった。だが、現実に集団的自衛権の行使が容認されたが、日本は戦争もしていないし、徴兵制も導入されていない。事実が大切だ。彼らの主張は極端で非現実的な主張であったのである。だが、彼らは自分たちの妄想じみた非難が的外れであったことを反省することはない。自分たちの言葉そのものも信じていないという意味で、彼らの反知性主義は相当深刻である。

彼らが現実を見ないのは、彼らが愛してやまない日本国憲法を誰が作ったのかという事実から目を背けていることからも明らかだろう。日本国憲法を作ったのはＧＨＱだ。ＧＨＱが作った憲法草案を日本政府案として発表せよと強制されたというのが歴史の真実だ。長年、「リベラル」は、この事実を無視してきた。だが、最近では、日本国憲法の起草者が本当は日本人だったなどという見解を作り上げ、日本人の手によって日本国憲法が作られたという歴史的事実の改竄《かいざん》にまで及ぼうとしている。彼らの愛してやまない日本国憲法が、彼らが憎悪してやまないアメリカによって強制されたというのだから、やりきれない思いになるのは理解できる。だが、事実に耐え切れないからといって、歴史の改竄に手を染めていいということにはならない。

●共産主義の実態から目を背ける

現実をみつめない、という点では全く同じことなのだが、日本の「リベラル」たちの許しがたい罪は、共産主義の実態から目を背けているということだ。

ナチスの許しがたい犯罪については広く知られるところとなっているが、共産主義の犯罪については、ほとんどその実態が知られていない。すなわち、ナチスが障害者、性的マイノリティ、ユダヤ人を大量に殺戮したことは知られている一方で、世界の共産主義者たちが、どれほど多くの人々を死に追いやってきたのかは理解されていない。共産主義が大量殺戮を惹起する恐るべき全体主義思想に他ならなかったことや共産主義体制の下でどれだけ多くの無実の人々の人権が蹂躙され、殺戮されたことは、ほとんど知られていない。

共産主義の研究者クルトワの『共産主義黒書』によれば、共産主義者が殺戮した人数は次の通りだ。

ソ連――死者二〇〇〇万
中国――死者六五〇〇万
ヴェトナム――死者一〇〇万
北朝鮮――死者二〇〇万
カンボジア――死者二〇〇万
東欧――死者一〇〇万
ラテンアメリカ――死者一五万
アフリカ――死者一七〇万
アフガニスタン――死者一五〇万
国際共産主義運動と、政権についていない共産党――死者約一万

（クルトワ他『共産主義黒書』恵雅堂出版）

一億人もの人々の命を奪ってきたのが共産主義であった。ナチスが六〇〇万人といわれるユダヤ人を殺害したことは、人類が永遠に忘れてはならない事実だが、共産主義が一億人もの人々を殺戮してきたことも決して忘れてはならないだろう。

日本ナチス党などという政党が存在すれば、多くの国民は驚くだろうが、日本では、未だに共産主義社会の実現を夢想する日本共産党が存在し続けている。二〇世紀における数々の残酷な事件を虚心坦懐に眺めれば、共産主義が個人の自由の尊重や弱者の人権の尊重といった政治姿勢と無関係であることがあきらかだ。だが、「リベラル」を自称する人々は共産党に対して極めて友好的である。

日本国憲法について冷静に分析すること。

共産主義の実態から目を背けないこと。

これらは個人の自由を尊重すること、社会的弱者の立場を守ろうと努力することと矛盾する行為ではない。憲法の真実、共産主義の真実から目を背けていなければ、個人の自由が守れないということはありえないし、社会的弱者を守ることができないということにもつながらない。全く無関係なのである。ところが、こうした現実を無視する「反知性主義」があたかも「リベラル」の暗黙の前提条件であるかのごとき状況にあるのが、日本の現実だ。現実を見つめず、自分たちにとって都合のいい虚構と妄想の世界で生きているかのようにふるまう「反知性主義者」、それが日本の「リベラル」の本性なのだ。そして、こうした「反知性主義」は、本来リベラリズムとは無関係な態度なのである。

本書では徹底的に日本における自称「リベラル」の言説を糾弾する。「リベラル」の批判を通じて、本来のリベラルとは如何にあるべきなのかを模索することにしたい。

「リベラル」という病

奇怪すぎる日本型反知性主義

目次

第5章　共産主義という幻想
――ガラパゴス左翼が見つめようとしない共産主義の真実

第6章　これからの「リベラル」への提言
――見直すべき河合栄治郎

第1章　マスメディアが大量生産する「リベラル」

テレビが生み出す「テレビ左翼」

●操作される大衆

ノルウェイのある地方都市は、温泉が湧き出たことによって活況を呈していた。町に住む市民たちの懐は潤い、地価も上昇をし続けた。当然のことながら、市民たちは温泉の存在を誇りとしていた。だが、ある日、温泉開発に功のあったストックマンという一人の医者が衝撃の事実を発見してしまう。人々が健康のために入浴していた温泉こそが人々の病原菌の源であったのだ。

ストックマンは直ちに残酷な事実を町長の兄に伝え、また、新聞社を通じて事実を市民たちに伝えようと試みた。新聞社は、医者の発見した衝撃の事実を歓迎し、この事実を基に市政当局の攻撃を展開しようと画策する。彼らはストックマンを讃え、彼が市民から称賛されることは間違いないと断定した。

一方、町長は弟の発見を極めて問題視した。何故なら、都市経済の基盤となっている温泉施設が病原菌の源であるという事実が広く知られてしまえば、その都市全体が疲弊することは火を見るより明らかだからだ。町長は事実を隠蔽し、経済活動を優先させねばならぬと画策し始める。弟のストックマンに「改めて調査したところ、温泉は危険なものではなかった」との虚偽の説明をせよと説くが、「真実」を重んずるストックマンは町長の提案を一蹴する。

町長は自らに敵対している新聞社を極秘裏に訪問し、この記事が町全体を危険に陥れる恐るべき言説であると指摘し、新聞社、印刷会社の存立が危うくなりかねないと示唆する。周章狼狽《しゅうしょうろうばい》した新聞社、印刷会社の人々は、煽て上げていたストックマンの梯子を外し、ストックマンの論説を新聞に掲載することも、パンフレットとして印刷することも不可能だといい始める。

激怒したストックマンは、友人宅で集会を開催する。彼は事実を事実として認識できない人々を罵倒し、それはいつしか大衆批判になっていく。

「吾人にとって、真理と自由とのもっとも危険な敵は、――いいか、堅実な多数である！　そうだ！　この呪うべき、堅実なる、ぐうたらなる多数である」

「住民の多数は一体いかなるものから成っておるか？　――それは悧巧であるか、それとも馬鹿であるか？　このひろい地球上いたるところ、馬鹿こそまさしく圧倒的大多数を占めるものである」

矯激なまでの大衆批判を展開したイプセンの『民衆の敵』を紹介したのは、何も我が国における大衆を愚弄したいがためではない。マスコミの問題について考えてみたかったからだ。実は、『民衆の敵』でストックマンが愚民蔑視、大衆批判の獅子吼《ししく》する直前、集会に参加した無名の参加者同士の会話がなされている。ストックマンが実の兄である町長を攻撃するようだ云々《うんぬん》との噂話なのだが、一人の町民がしたり顔で解説する。

「だが、先生（ストックマン）の方が悪いんだなあ。『民報』にもそう書いてあった」

「民報」とは、ストックマンの論説を掲載しようと試みたが、自らの利益のために態度を翻した新聞社の出版物に他ならない。私が興味深いと思ったのはこの部分なのだ。

大衆が世の中の何らかの現象、事象を判断し、発言する際、マスメディアによって一定の方向に導かれていることが多い。しかし、当人はマスメディアによって方向づけられているという事実をまるで認識せず、自分自身が中立的な立場に立っているかのように錯覚している。自らが中立的であると心の底から信じながら、他者の議論に導かれ、特定の価値観に溺れている。

●反知性主義的「テレビ左翼」

残念ながら、大衆、民衆のこういう傾向は我が国においても顕著である。とりわけ、無自覚なままテレビの偏向した報道を鵜呑みにし、まるで自分自身が中立的であると思い込みながら、極めて左翼的な「リベラル」な主張をする人々が多い。彼らは口を開けば「日本が右傾化している」「ネット右翼の主張が危険だ」というが、自分自身の正体を認識できていない。彼らは「テレビ左翼」「テレサヨ」と呼ばれて仕方のない、反知性主義的で「リベラル」な大衆なのだ。

イプセンが描いた大衆は、「民報」の論説を、中立的で客観的な事実であると思い込み、ストックマンを非難した。今日の我が国の大衆はテレビで一方的に垂れ流された情報を鵜呑みにし、政治家、政党、言論人を誹謗し中傷する。彼らは哀れといえば哀れである。何しろ自分自身の頭で考えることができずにいるだけなのだから。しかしながら、民主主義社会が何よりも哀しいのは、こういう反知性主義的な大衆が政治における主導権を持つことだ。そして、それは結局のところ、テレビによる政治支配といっても過言ではあるまい。

二〇一七年九月、安倍総理が解散、総選挙を決断したとの報道があった。現行の日本国憲法では、総理の解散権に関する明確な規定がないため、解釈によって、総理大臣が解散権を有するものとされている。私自身は、憲法に解散権、そして解散を認める条件等を明記すべきであるとの立場だが、現行憲法の解釈では、首相が自由に解散することが可能であるとされている。従って、総理自身が解散を決意すれば、解散は可能である。しかし、総理が解散を決定したとの報道の直後から、テレビでは、「解散の大義がない」とのコメントが相次いだ。解散の大義名分がなければ解散してはならないというのは、あくまでその人物の個人的な意見に過ぎず、総理が犯罪行為に手を染めているわけではないのに、である。

滑稽なのは、共産党をはじめ、総理に「解散、総選挙をせよ」と迫っていた人々まで、実際に解散が決定されると「大義名分がない」と批判の声をあげたことだ。批判のためならば、何を言ってもいいと考えているのか、その精神構造を理解することは不可能だが、奇怪な発言と言わざるをえない。

また、「北朝鮮情勢が緊迫化する中、解散総選挙とは、危機意識に欠ける」との批判もあった。俗耳に入りやすい主張だが、こう主張していた人々は、わずか数日前まで、「安倍政権は北朝鮮の脅威を煽りすぎだ！　北朝鮮情勢で日本国民は右往左往し過ぎである」との主張を繰り返していたではないか。その日によって主張は異なるが、一貫しているのは、「反安倍政権」ということだけだ。冷静になって分析してみれば、まことに愚かしい主張なのだが、テレビであまりに堂々と詭弁を断定的に論じるため、こうした詭弁を正論であるかの如く錯覚する大衆が少なくない。

●ヒトラーが活用した大衆の操作方法

テレビで好まれるのは、こうした極端な断定だ。何故、そこまで断定できるのだろうか、と疑問に思う人は少なく、圧倒的大多数は、激しい断定の言葉を聞き、事実だと錯覚する。近代における大衆について分析したフランスの社会心理学者ル・ボンは、群衆に受ける話し方について次のように指摘している。

「群衆は、ただ過激な感情にのみ動かされるのであるから、その心を捉えようとする弁士は、強い断定的な言葉を大いに用いねばならない。誇張し断言し反覆すること、そして推論によって何かを証明しようと決して試みないこと、これが、民衆の会合で弁士がよく用いる論法である」

（ル・ボン『群衆心理』講談社学術文庫、六二頁）

ル・ボンは群衆、大衆が暴走することを恐れて『群衆心理』を書いたのだが、ヒトラーはこの『群衆心理』を誰よりも巧みに利用した。ヒトラーは『わが闘争』の中で、群衆の操作方法、弁論方法について喝破している。

「民衆の圧倒的多数は、冷静な熟慮よりもむしろ感情的な感じで考え方や行動を決めるという女性的素質を持ち、女性的な態度をとる」

（アドルフ・ヒトラー『わが闘争』角川文庫、二六四頁）

「宣伝は、鈍感な人々に間断なく興味ある変化を供給してやることではなく、確信させるため、しかも大衆に確信させるためのものである」

（前掲書、二六六頁）

堂々たる態度で単純なスローガンを繰り返すことによって大衆を操作する。それがヒトラーの大衆操作方法だとしたら、今日の日本で、最もそれに近いのがテレビのコメンテーターの発言である。私自身はテレビを見ると知性が腐食していくと考えているので、ほとんど見ないようにしているのだが、今回、この文章を書くに際して、友人に提供してもらった過去のテレビ番組をじっくりと眺め、驚愕した。こうした番組を客観的で中立的な番組だと思い込んでいては、多くの人は「リベラル」にならざるを得ないだろう。

集団的自衛権の一部を限定的に行使可能にした安保法案について、「母たちの安保法案」との特集を組んだ平成二七年八月一六日の「サンデーモーニング」では、安保法案に反対する母親たちの映像を繰り返し流し、コメンテーターにコメントを求める。そもそも、ある法案に反対する人間と賛成する人間とを均等に報道してこそ中立的だと思うのだが、番組では明らかに反対派が主流派であるように報道する。だが、これはあくまで序の口だ。コメントを求められた政治学者の姜尚中《カンサンジュン》氏は奇怪なコメントをする。

「生活保守なんですけど、まあ普通の生活をしたいと、戦後はそれを可能にしてくれたわけで、やっぱり個人のために国家があるのであって、国民のために国家がある。だからそこのところが保守だと思うんですね。ただ保守は、たとえば中国とか外敵がきますよという脅威論を振りかざした場合、もしくはアメリカが、米軍がもう基地はやめますよといったときに、それでもこの平和憲法というものを抱きしめて、これからいくんだという、そこに恐らく覚悟が必要なんじゃないかなと。そうしないと沖縄が見えてこない。これまで生活保守主義というものは沖縄を犠牲にしたうえで成り立ってたわけですから。だから今後はそこの覚悟をどこまでいけるか。私はいまそこが問われていて、逆に言うと安保法制を通したい側は、やっぱり外敵というか脅威論が出てくる可能性がありますね。そこのところを生活保守の面目がかかっていると思っていますけど」

テレビのコメントに厳密さを求めるのは難しいが、いい加減に過ぎるコメントだ。このコメントを聞いている大衆は姜尚中なる人物が「保守」であると思い込むだろう。そして、国民の普通の生活を守るうえで、中国等の脅威論が出現しても、米軍基地を撤退させても、「平和憲法」を「抱きしめて」いく覚悟が必要なのだと思い込まされる。

しかし、これは冷静に考えてみれば、現実離れした主張である。戦後の日本の平和、繁栄が築かれたのは自衛隊と日米同盟が存在したからであって、「平和憲法」があったためではない。「平和憲法」を維持し続ければ平和だというのは、「妄想」に過ぎないことは、北朝鮮のミサイル問題が証明している。

●「サンデーモーニング」の奇怪な問答

さらに驚くのは毎日新聞の記者である岸井成格《きしいしげただ》氏とキャスターの関口宏氏の奇妙な問答だ。まず、岸井氏が日本は戦前回帰していると説く。

「この安保法制を通じて多くの国民がなんか戦前回帰しているんじゃないのと。この一連の流れをみててね。どうもそういう心配・懸念を非常に強く持ち始めたんだなあという感じがしますね」

これに対して関口氏が問う。

「その戦前回帰は間違いないですか。なんか形の上で似てきちゃうんですね、どうも」

これに岸井氏が堂々と説く。

「特定秘密保護法からずっとこの一連の流れ見ると、戦時体制づくりしているのは間違いないです」

関口氏に問うてみたい。形の上でどこが「戦前回帰」しているというのか。戦前の日本は日米同盟を締結していなかった。日米同盟を強固なものにするのが「戦前回帰」とは、笑止千万だろう。「集団的自衛権の行使」が「戦前回帰」というのであれば、世界中の国家が「戦前回帰」していることになってしまう。普通の国家であれば、自国の国益を守るため、「集団的自衛権」であれ「個別的自衛権」であれ、行使することが可能であり、集団的自衛権の行使を不可能だと奇妙な主張をしている国家は日本だけだ。つまり「戦前回帰」という言葉は、何やら恐ろしい言葉のように聞こえるが、実態が何も存在しない空疎な言葉なのだ。「幽霊の正体見たり枯れ尾花」とはこのことだろう。

岸井氏の「戦時体制づくり」との言葉にも悪意しか感じられない。彼が言っているのは、要するに自国を守るための防衛体制を固めておくことに過ぎないが、そのどこに問題があるというのだろうか。中国が軍事力を増強させ、東アジアにおけるパワー・バランスが崩れつつある中、日本は何もせずに「座して死を待つ」のが賢明だとでもいいたいのだろうか。この人物も結局のところ、日本が攻め込まなければ、世界は平和であるという極めて自虐的な妄想的平和憲法イデオロギーに毒されているだけなのである。

●悪用されるテロップ

テレビ番組を見ていて、極めて問題だと感じたのが、テロップの使い方だ。平成二七年九月六日の「サンデーモーニング」の「風をよむ」というコーナーでは『声を上げはじめた人々』と題して、安保法案に反対した人々の特集が組まれていたが、この際、政治学者の五野井郁夫氏が次のような発言をする。

「安保法案というものに対して人々が感じている危機感に他ならないわけです。安保法案というものがいま通ってしまったら自分たちの生活が根底から覆されてしまうんじゃないだろうか。これから日本の形がどんどん変わっていってしまう。テロも起きてしまうかもしれないし。そういった感情っていうものがですね、沸々と湧き上がってきて危機感を感じている人が非常に多いと思うんですね。皮膚感覚っていうものが人々を突き動かしている。だからこそやむにやまれず、今人々が参加している」

五野井氏が語る際にテロップが流れるのだが、このテロップが凄まじい。例えば、「生活が根底から覆されてしまう」「日本の形がどんどん変わっていってしまう」「テロも起きてしまう」という断定だ。五野井氏もさすがに安保法案が通って「生活が根底から覆されてしまう」「テロも起きてしまう」と断言はできず、「だろうか」「かもしれない」といった表現で胡麻化しているのだが、テロップは断定調なのだ。そして、この断定調のテロップが、「テロも起きてしまう」と大衆に思い込ませる役割を果たすのである。冷静に分析すれば、安保法案とテロとは無関係のはずなのに、あたかも関係があるかのように思わせる。

●自らのみを正義と断ずる危険

こうした極めて断定的で偏向した番組を見ていたら、安保法案が恐ろしい法案に思えてくるのも、安倍政権に憎悪の念が湧き上がってくるのもやむを得ないだろう。だが、本当は、それはあまりに極端な見解に踊らされているに過ぎないのだ。事実、安保法案は可決され、新しい安全保障体制に移行したが、日本ではテロなど起きていないし、人々の生活が「根底から覆される」こともなかった。むしろ、人々の生活を根底から覆そうとするのは、北朝鮮のミサイルであり、こうした独裁国家の暴挙に如何に対峙するかが重要な問題となっている。

そして、ここでも岸井氏の断定が凄まじい。少し長いが引用する。

「先ほどＶＴＲの最後のキング牧師の『沈黙は罪だ』ってあの言葉は非常に重いと思うんですね。今回の問題は民意とはなにかで、そしてその民意は国政に反映されているかどうか。その乖離っていうか、そのずれを皆敏感に感じていると思うんですよね。だからそういう中で私は改めてメディアの責任って今正念場だなって。この安保法制は中身もそうですけど、強引なやりかたもそうですが、紛れもなく権力の暴走なんですよ。これをどうやって止めるかが一番大事な問題でメディアの非常に大きな使命でもあると思っているんですよね。これはもうね、戦前のまさに反省なんですよ。その教訓をどう生かすかなんですよ。あの無謀な戦争を止められなかった。沈黙して。あるいは場合によっては煽っちゃった。そういう責任があると思いますね」

戦前のマスメディアが酷かったという批判に関しては同意するが、その発言はあまりに極端だ。単に安保法案を通そうということが「権力の暴走」だというのだ。ここで用いられているのは、自分たちだけが正義であり、自分たちに逆らうものはすべて悪であるという単純な二分法である。

これは極めて危険だ。古今東西の恐怖政治の本質は、この単純なる善悪の二元論にある。如何なる意見であれ、完璧な正しき意見とは断定できないし、その逆も然りである。どこかに相手を許容する余裕がなければ、人々は極めて敵対者に残酷になる。

岸井氏の他者に不寛容で余りに独善的なコメントを聞き、私の講義を受講した学生が不思議な感想を書いていたことを思い出した。

「自分は集団的自衛権の行使容認を支持していたのですが、テレビを見ていると、自分のような意見が存在しなくて、僕はおかしい人で、政治的な発言はしてはいけない人間なんだと思い込んでいました。でも、多様性を擁護せよという先生の主張を聞き、自分も意見を言ってもいいのだと思いました」

確かに、岸井氏のように、安保法案に反対することがマスメディアの使命であるかのように語られたら、賛成している自分がおかしな人間に思えてくるだろう。

昨今、テレビでも新聞でも、「ネット右翼」「ネトウヨ」との侮蔑表現が多用されている。私自身も「ネット右翼」と中傷されるが、まことに馬鹿馬鹿しいことだと思っている。確かにネット空間の中には極端な意見、恐るべき人種差別的表現が使われているし、この人々を擁護するつもりも毛頭ない。ただ、「ネトウヨ」と侮蔑されている人々の多くはテレビに抗い自分自身の意見を持とうとしている人々だ。テレビの情報を鵜呑みにする「テレビ左翼」「テレサヨ」と化した「リベラル」が、彼らを「ネトウヨ」と中傷するのは滑稽だ。自分自身は中道だと認識しながら、テレビの「リベラル」に使嗾《しそう》され、愚かで滑稽な発言を繰り返す「テレビ左翼」「テレサヨ」は、まるで魯迅の描いた阿Qを思わせる。

暴走する「リベラル」新聞①　『東京新聞』

●自衛隊を違憲とする憲法学者

国会の答弁において、安倍総理が日本国憲法と自衛隊の関係について、次のような踏み込んだ発言をしたことがあった。

「実は憲法学者の七割が、九条一項・二項の解釈からすれば自衛隊の存在自体が（憲法違反の）恐れがある、という判断をしている。自衛隊の存在、自衛権の行使が憲法違反だと解釈している以上、当然、集団的自衛権も憲法違反となっていくのだろう」

「この状況をなくすべきではないかという考え方もある」

この安倍総理の発言は正当である。

拙著『平和の敵　偽りの立憲主義』（並木書房）で繰り返し、繰り返し論じたように、「集団的自衛権の行使容認によって、立憲主義が破壊された」と叫んでいた憲法学者の多くが「偽りの立憲主義」者だった。何故なら、彼らは、自衛隊の存在そのものを「違憲」の存在と見做しているからだ。彼らの解釈に従えば、自衛隊の存在こそが「立憲主義」を破壊するのであって、「立憲主義を破壊する自衛隊を廃絶せよ！」と主張するのが正当な主張であったはずだ。だが、自衛隊廃止論を展開すれば、多くの国民が、「ああ、この憲法学者たちの主張はあまりに極端な人だ」「この人たちは現実を無視した空理空論を玩《もてあそ》ぶ空想家だ」と気づき、彼らの本性が露呈してしまう。そのために、国民が十分に理解できていない「集団的自衛権の行使容認」によって、戦後初めて「憲法の破壊」が行われるという詭弁《きべん》を弄《ろう》し始めたのだ。国民を欺く主張だったと言っても過言ではない。彼らは正統な立憲主義を守れというのではなく、極めてご都合主義的な立憲主義を守れと主張しているのだ。

集団的自衛権の行使容認によって立憲主義が破壊されると主張する人々の多くは、二〇年以上前のＰＫＯ法案に反対した人々だ。彼らは、自衛隊がＰＫＯに派遣されることによって、憲法が破壊され、立憲主義が踏みにじられるという主張を展開していた。ＰＫＯ法案に反対していた当時と、集団的自衛権の行使容認に反対している現在の彼らの主張の違いは、自衛隊の存在についての言及の有無だ。実際には、集団的自衛権の行使容認に反対する多くの憲法学者が自衛隊を違憲の存在とみなし、自衛隊の廃絶こそが正当な憲法解釈だとみなしている。「集団的自衛権の行使容認」に反対する際、自衛隊違憲論まで言及しないが、ＰＫＯ法案に反対していた当時は、自衛隊違憲論にも言及していた。

当時の護憲派憲法学者の指摘に耳を傾けてみよう。

「自衛隊そのものが憲法九条に違反するものである以上、このような違憲の自衛隊に新たな任務を付与する立法は、そのこと自体からしてすでに違憲と言わざるを得ない」

（山内敏弘「ＰＫＯ法と平和憲法の危機」『法律時報』第六四巻一〇号、三頁）

「憲法九条を虚心に読めば、それが一切の戦力の保持を否認した規定であることは、容易に理解できるであろう。しかも、自衛隊は紛れようもなく軍隊であり、これを戦力に至らざる自衛力であるなどという議論は、国際社会ではおよそ通らない詭弁である」

（同右）

山内氏と私とでは、政治的信条、立場が全く異なるが、自衛隊が違憲だというこの山内氏の主張には説得力がある。山内氏のいうように、もう一度憲法九条を虚心に読んでみよう。

「第九条　日本国民は、正義と秩序を基調とする国際平和を誠実に希求し、国権の発動たる戦争と、武力による威嚇又は武力の行使は、国際紛争を解決する手段としては、永久にこれを放棄する。

２　前項の目的を達するため、陸海空軍その他の戦力は、これを保持しない。国の交戦権は、これを認めない」

とりわけ注意しなければならないのは、第二項である。「戦力」を保持しないことと「交戦権」の行使が明確に否定されている。

だが、現実には我が国には自衛隊が存在し、仮にどこかの国が侵略してきた場合には、自衛隊が日本を守るために断固として戦う。自衛隊員が他国からの侵略に備え、過酷な訓練に従事していることは、国民にとって周知の事実だろう。もし仮に自衛隊が存在してはならないというような事態になれば、多くの国民は日本の平和が維持できるのかを心配するだろう。それが現実だ。

だが、一旦現実から離れて、あくまで憲法の条文と照らし合わせてみたら、どうだろうか。

日本国憲法で「戦力」を否定しながら、自衛隊が存在するのはおかしいのではないか。

日本国憲法で「交戦権」を否定しておきながら、他国が侵略してきた際に、自衛隊が出動して戦うことが認められているのは、おかしいのではないか。

日本国憲法第九条を虚心に読めば、誰もが思い浮かぶ疑問であろう。

戦後、我が国の安全保障政策に関する議論が複雑を極めた根本的な理由はここにある。憲法を素直に読めば、存在できないはずの自衛隊を存在させなければ、国防が成立しなかったのだ。だから、政府は無理矢理な解釈を作り上げた。自衛隊を「合憲」と解釈するために、自衛隊を「戦力」と認めることはできない。だから、戦力に至らない「自衛力」という奇妙な定義を持ち込み、日本国憲法で保有を否定しているのは「戦力」であって、戦力に至らない「自衛力」は否定されていないとしたのだ。言葉の魔術といってもよいが、端的に言えば、詭弁である。だから、「自衛隊は紛れようもなく軍隊であり、これを戦力に至らざる自衛力であるなどという議論は、国際社会ではおよそ通らない詭弁である」という護憲派憲法学者山内氏の発言には説得力がある。

●改めるべきは自衛隊ではなく憲法九条

もっとも私は、山内氏のように憲法を守るために自衛隊の存在を否定しようとはおもわない。逆に、国家を守る自衛隊の存在が否定されてしまうようなおかしな憲法だからこそ、憲法を改正する必要があると考えている。多くの改憲派も同様に考えているだろう。

例えば、戦後の改憲派の巨頭として知られる岸信介元総理は、あるインタビューで、憲法について次のように語っている。

「いったい、自衛隊が憲法違反であるか、どうか。いまの自衛隊は憲法違反ですよ。しかし、国防そのものがだな、憲法に違反するような憲法がですよ、そっちのほうが正しくないと思うんですよ」

（「岸信介かくかたりき」『月刊　Ｈａｎａｄａ』二〇一六年八月号、二二四頁）

国家において国防が重要なのはいうまでもない。ところが、我が国の憲法第九条は、虚心に読めば国防すら全面的に禁止しているかのような条文になっている。常識的に考えて、国防に従事している自衛隊が間違っているのではない。国防を否定しているような憲法が間違っているのである。だから、堂々と自衛隊、あるいは国防軍が国家を守れるような憲法へと改正しなければならない。これが改憲派の偽らざる本音に他ならなかった。

これに対して山内氏のごとき「護憲派」とされる憲法学者たちは、あくまで日本国憲法第九条が重要であるとみなし、自衛隊を違憲の存在であると断じ、その存在を否定するかのような発言を繰り返してきたのである。

彼らは決して自衛隊を合憲とは認めずに、違憲の存在だと言い続けた。なにも山内氏が特別な憲法学者であったわけではない。

他の憲法学者も次のように指摘している。

「憲法学者のほとんどがそう解釈するように、自衛隊を違憲とみることが憲法解釈としては自然であり、したがって存在そのものが違憲である自衛隊を前提とした自衛隊の海外派遣（派兵）も当然に違憲であり、自衛隊の派遣を内容として含むＰＫＯ協力法もまた当然に違憲とみなさざるを得ないものである以上、もし本当に自衛隊の存在やＰＫＯ協力法が必要であるなら、そして国民がそれを本当に望んでいるとする自信があるなら、改憲の手続きを先行させるべきであったろう」

（横田耕一「立憲主義が危機に瀕している」『世界』一九九二年八月号、四〇頁）

「日本国憲法は、日本が非武装中立国家を選択し、武力の行使を全面的に放棄することで、相手国に脅威を与えることなく自由に平和のために行動し、積極的に国際平和の達成に寄与することを予定しているものとして理解されるべきであろう」

（横田耕一、前掲誌、四一頁）

横田氏がいうことが事実であるとするならば、「憲法学者のほとんど」が「自衛隊を違憲」と解釈していることになる。

彼らの主張を一貫させるためには、そもそも自衛隊が違憲の存在であるという主張が隠蔽されてはならない。

自衛隊が違憲であるならば、個別的自衛権の行使、ＰＫＯ活動への従事、自然災害時における救出活動、そして集団的自衛権の行使も全て違憲ということになる。自衛隊の存在自体が違憲なのだから、自衛隊の全ての活動が違憲だということになる。

こうした主張は、現実的には全くもって愚かしい主張だし、国防を否定する危険極まりない主張だが、論理的に一貫していることは否定できない。

自衛隊の存在そのものが「違憲」であり、その全ての活動は「違憲」であるという主張は、論理的に否定はできないが、国民感情とは乖離した主張だ。

従って、冒頭に紹介した安倍総理の指摘は、こうした憲法学者の極端な見解を指摘したものだった。

●『東京新聞』の奇妙な理論

だが、こうした総理の発言に猛反発したマスコミがあった。最近論調が『朝日新聞』以上に過激なものとなっている『東京新聞』である。

『東京新聞』は「首相9条発言　ご都合主義の改憲論だ」と題した二〇一六年二月四日の社説で安倍総理の発言に対して次のように噛みついた。


「ちょっと待ってほしい。

集団的自衛権の行使を可能にする安全保障関連法をめぐり、多くの憲法学者らが憲法違反として反対の声を上げたにもかかわらず成立を強行したのは、当の安倍政権ではなかったのか。

自衛隊は、日本が外国から急迫不正な侵害を受ける際、それを阻止するための必要最小限度の実力を保持する組織であり、戦力には該当しないというのが、自民党が長年、政権を担ってきた歴代内閣の見解である。

自衛隊を違憲とする意見があるのは確かだが、国会での議論の積み重ねを通じて定着した政府見解には、それなりの重みがある。

安倍政権が憲法学者の自衛隊違憲論を理由に九条二項の改正を主張するのなら、集団的自衛権の行使を認めた閣議決定や安保関連法についても、憲法違反とする憲法学者の意見を受け入れて撤回、廃止すべきではないのか。

都合のいいときには憲法学者の意見を利用し、悪いときには無視する。これをご都合主義と言わずして何と言う。それこそ国民が憲法で権力を律する立憲主義を蔑ろにする行為ではないか」


まことにおかしな社説である。

安倍総理の発言は、あくまで憲法学者の見解を紹介しているだけで、歴代内閣の見解を否定などしていない。自衛隊が違憲だという憲法学者の主張に賛同しているわけでもない。多くの憲法学者たちが長年の政府見解とは異なり、自衛隊を「違憲」の存在とみなしているという事実を指摘しているのだ。

奇妙というか、論理的に整合性のとれない主張をしているのは『東京新聞』だ。『東京新聞』の社説では次のように指摘している。

「自衛隊を違憲とする意見があるのは確かだが、国会での議論の積み重ねを通じて定着した政府見解には、それなりの重みがある」

この社説を読む限り、『東京新聞』は、「自衛隊」の存在を「合憲」とする政府解釈には賛成しているようだ。

それは大変結構な話だ。私は論理的には憲法学者たちの「違憲」説に理解を示す人間の一人だが、現実的には、自衛隊を「合憲」としたうえで安全保障体制を構築するしかないと考えている。多くの憲法学者たちの意見にひきずられずに、『東京新聞』が、自衛隊を「合憲」とする解釈を評価していることに安堵する。

だが、憲法学者の多くが自衛隊の存在そのものを「違憲」だと解釈している事実は重大な事実である。

この社説を読む限り、『東京新聞』はこうした多くの憲法学者の意見には大した重みがないと考えているようだ。

それではなぜ、その同じ憲法学者たちが唱える「集団的自衛権の行使容認は憲法違反だ」という主張に、『東京新聞』は諸手を挙げて賛成するのだろうか。

もう一度、確認してみよう。

安倍総理は、憲法九条を根拠として多くの憲法学者が自衛隊を「違憲だ」と主張していることを紹介している。そして、そうした憲法学者の主張に基づいて、「自衛隊を廃絶せよ！」などとは主張していない。そうした憲法学者の見解と長年積み重ねられてきた政府見解とが異なることも認識している。総理自身ではそう解釈していないものの、祖国を守る自衛隊の存在を「違憲」だと解釈されてしまう余地のある憲法は改正した方がいいのではないか、というのが安倍総理の主張なのである。

●ご都合主義的な『東京新聞』

これについて、『東京新聞』は次のようにいっている。

「安倍政権が憲法学者の自衛隊違憲論を理由に九条二項の改正を主張するのなら、集団的自衛権の行使を認めた閣議決定や安保関連法についても、憲法違反とする憲法学者の意見を受け入れて撤回、廃止すべきではないのか。

都合のいいときには憲法学者の意見を利用し、悪いときには無視する。これをご都合主義と言わずして何と言う。それこそ国民が憲法で権力を律する立憲主義を蔑ろにする行為ではないか」

だが、実際に「ご都合主義」なのは、安倍総理ではなく、『東京新聞』の方だ。

安倍総理は「集団的自衛権」の問題に関しては、多くの憲法学者たちの見解とは反した立場に立っている。そして、自衛隊は「違憲だ」という憲法学者たちの主張に対して賛同していない。何故なら、彼らの主張に従えば、憲法に従って、自衛隊を廃絶せよということになってしまうからだ。こうした極端な主張が為されないために改憲すべきではないかと主張しているのだ。「自衛隊の存在を違憲」「集団的自衛権の行使容認も違憲」とする憲法学者たちと一貫して対峙しているのが安倍総理であって、こうした姿勢を批判するのは構わないが、これは別に「ご都合主義」ではない。寧《むし》ろ一貫した姿勢である。

逆にご都合主義としか捉えられないのが『東京新聞』の方だ。『東京新聞』は、集団的自衛権の行使容認に関しては、多くの憲法学者たちの主張に賛同して、これを「違憲だ！」と説く。しかしながら、自衛隊の存在に関しては、多くの憲法学者の「違憲だ！」という主張を無視して、「自衛隊を違憲とする意見があるのは確かだが、国会での議論の積み重ねを通じて定着した政府見解には、それなりの重みがある」という。自衛隊の存在に関しては、多くの憲法学者たちの主張を否定しているのだ。一方では、多くの憲法学者たちの主張を受け入れ、他方では彼らの主張を否定しているのだ。

先程の『東京新聞』の安倍総理への批判をもう一度読み返してみよう。

「都合のいいときには憲法学者の意見を利用し、悪いときには無視する。これをご都合主義と言わずして何と言う」

何とも嗤《わら》うべきことに、ご都合主義なのは、そう批判している『東京新聞』の方なのだ。多くの憲法学者が自衛隊の存在そのものを「違憲」と捉えている事実を指摘されると周章狼狽《しゅうしょうろうばい》し、自分たちが都合のいい解釈のみを受け入れてきたことを糊塗《こと》し、あたかも事実を指摘した人間が間違っているかのように論ずるのは不適切だ。

暴走する「リベラル」新聞②『朝日新聞』

●立憲主義を破壊した吉田茂

二〇一六年二月六日の社説で朝日新聞も、「首相の改憲論　あまりの倒錯に驚く」と題して、安倍総理の発言を取り上げて批判している。『東京新聞』が噛みついたのと同じ発言だ。

「憲法学者の七割が、九条の解釈からすれば自衛隊の存在自体が憲法違反のおそれがあると判断している」

「この状況をなくすべきではないかという考え方もある」

さらに、この総理の答弁を引き出した稲田朋美政調会長（当時）の次の発言も取り上げている。

「現実に合わない九条二項をこのままにしておくことこそ、立憲主義を空洞化する」

私は、この稲田氏の指摘は、もっともだと考える一人である。なお、この「九条二項をこのままにしておくことこそ」が「立憲主義を空洞化する」という言葉の意味についてだが、これ以上踏み込んで指摘することは、稲田氏が政治家である限り不可能であろう。代わりに政治家ではない私が正直にここで書いておくことにしたい。

吉田茂が、本来、「自衛戦争もできない」と解釈していた日本国憲法を、解釈の変更によって、自衛隊を持てるようにし、敵が攻めてきた際には戦えるように変更した時点で、厳密な意味において日本の立憲主義は終わっている。仮に日本の立憲主義を破壊した政治家がいたとするならば、それは安倍晋三ではなく、吉田茂なのである。

●日本共産党の「正論」と吉田茂の奇妙な答弁

ここで日本国憲法における自衛権の問題を歴史的に振り返っておくことにしよう。

昭和二一年六月二六日、当時首相であった吉田茂は、憲法と自衛権との関係について次のように答弁している。

「戦争拋棄《ほうき》に関する本案の規定は、直接には自衛権を否定はして居《お》りませぬが、第九条第二項に於《おい》て一切の軍備と国の交戦権を認めない結果、自衛権の発動としての戦争も、また交戦権も拋棄したものであります。従来近年の戦争は多く自衛権の名に於て戦われたのであります。満州事変然《しか》り、大東亜戦争然りであります」

（一九四六年六月二六日　衆議院本会議）

現在の我々からみれば、驚くべき答弁だ。近年の戦争は、全て「自衛権」の発動として行われてきた。だから、「自衛権の発動」としての「戦争」も放棄すると言明しているのだ。

敵が攻め込んできたときに自衛することすら不可能ということになる。

こうした吉田の答弁を批判したのが、日本共産党の野坂参三だ。野坂は次のように吉田に問うた。

「戦争には我々の考えでは二つの種類の戦争がある、二つの性質の戦争がある、一つは正しくない不正の戦争である、（中略）他国征服、侵略の戦争である、是《これ》は正しくない、同時に侵略された国が自由を護るための戦争は、我々は正しい戦事と云って差支えないと思う（中略）一体此の憲法草案に戦争一般抛棄と云《い》う形でなしに、我々は之を侵略戦争の抛棄、斯《こ》うするのがもっと的確ではないか」

（一九四六年六月二八日　衆議院本会議）

野坂に従えば、世の中には「正しくない不正の戦争」と「正しい戦争」とがある。「正しくない戦争」とは、「侵略の戦争」だ。これに対して「正しい戦争」とは、「侵略された国が自由を護るための戦争」だ。憲法で「戦争一般」を拋棄するのではなく、「侵略戦争」のみを放棄すべきだ。

率直に言ってしまえば、野坂の議論は、正論である。

こうした野坂の正論に対して、吉田は、再び奇妙な答弁をする。

「戦争拋棄に関する憲法草案の條項に於きまして、国家正当防衛権に依《よ》る戦争は正当なりとせらるるようであるが、私は斯《か》くの如きことを認むることが有害であると思うのであります（拍手）近年の戦争は多くは国家防衛権の名に於て行われたることは顕著なる事実であります、（中略）故《ゆえ》に正当防衛、国家の防衛権に依る戦争を認むると云うことは、偶々戦争を誘発する有害な考えであるのみならず、若《も》し平和団体が、国際団体が樹立された場合に於きましては、正当防衛権を認むると云うことそれ自身が有害であると思うのであります、御意見の如きは有害無益の議論と私は考えます」

戦争一般を放棄するのではなく、侵略戦争のみを放棄するというのは、「国家正当防衛権」による戦争は肯定することになる。近年の戦争は「国家正当防衛権」の名のもとに肯定されてきたのだから、結局、こうした権利を認めることは戦争につながりかねず「有害」な議論だ。だから、戦争一般を放棄するのが正しい。

今、読み返してみると、吉田茂と野坂参三のどちらが保守で、どちらが共産党かわからないような議論だが、ここで確認しておきたいのは、日本国憲法が制定された直後、吉田茂は日本を代表する首相として、自衛権の行使としての自衛戦争すら放棄すべきだと主張していたという事実だ。この重大な事実を押さえておく必要がある。

●吉田茂による解釈改憲

冷戦勃発という事態に際し、吉田茂の憲法解釈は、一貫し続けることができなかった。憲法解釈は変更された。

その重大な一歩となったのが、マッカーサーの発言だった。一九五〇年の元旦、マッカーサーが「日本国民に告げる声明」において、次のように指摘した。

「この憲法の規定は、たとえどのような理屈をならべようとも、相手側から仕掛けてきた攻撃に対する自己防衛の冒しがたい権利を全然否定したものとは絶対に解釈できない」

当時、日本の最高権力者は首相でも天皇でもなかった。連合国最高司令官のマッカーサーこそが最高権力者であった。彼は、自分自身が日本国民に強制した憲法の解釈を急転回させ、日本国憲法のもとで形式はどうあれ実質的には「自衛戦争」は可能だと主張したのだ。

最高権力者の恣意的な憲法解釈の変更は、すぐに吉田茂の言説にも影響を与えた。この時代、「ワンマン宰相」と呼ばれた吉田茂といえども、マッカーサーの意向に逆らうことはできなかったのだ。

吉田茂は国会で次のような苦しい答弁をしている。

「自衛権は国に存在するのであつて、自衛権の発動としての戦争、その場合はいたし方ないのでありますが、しかしながらしばしば自衛権という名において侵略戦争が起されたことがあるから、自衛権という文字を使用することについては軽々になすべからざるものであるということを申した記憶があります」

（一九五一年一〇月一九日　平和条約及び日米安全保障条約特別委員会）

多くの侵略戦争が「自衛権」の名目の下で遂行されたと指摘し、自衛戦争をも否定する趣旨の発言を繰り返してきたのが吉田茂だった。しかし、最高権力者マッカーサーの意向を受け、自分自身の発言を変更している。

これは、誰がどうみても、憲法九条の解釈が変わっているとしか判断できないはずだ。「自衛戦争もできない」「正当防衛権も持たない」と解釈していた同じ人間が、「自衛権は国に存在するのであつて、自衛権の発動としての戦争、その場合はいたし方ない」というのだから、これは憲法解釈の変更とみて間違いないだろう。

こうした吉田の解釈改憲に対して、社会党の吉田法晴が参議院で噛みついた。

「かくのごとく憲法の解釈が勝手に変更できるものでありましょうか。或《あ》る新聞が、『日本国員《ママ》の総意によつて創定された憲法に対して、時の政府が便宜的な解釈を下したり、事実の上で背反したり、結局憲法を軽視するようなことがあれば、法治国家とは言えないことになる』と申しておりますが、国民に先んじて憲法を尊重し擁護すべき総理大臣なり国務大臣が、勝手に憲法を解釈して、憲法を破壊し、立憲政治を覆えすことが許されるかどうか、総理及び木村法務総裁に承わりたいのであります」

（一九五二年三月一九日　参議院本会議）

仮に憲法の解釈を変更させることが、立憲主義の破壊であるとするならば、立憲主義の破壊者とは、マッカーサーであり、吉田茂に他ならなかった。彼らは、憲法が自衛すら禁止しているとの解釈を弊履《へいり》のごとく投げ捨て、憲法は自衛を否定するものではないとの新たな解釈を持ち出したのだ。

●現実離れした憲法九条と『朝日新聞』の反知性主義

さて、以上の事実を踏まえたうえで、『朝日新聞』の安倍批判に戻ろう。

まず、『朝日新聞』が行ったアンケートで六三％の憲法学者が、自衛隊の存在を「憲法違反」「憲法違反の可能性がある」と答えた事実を認めている。このアンケート結果は、随分正直なものだろうが、自衛隊が「合憲である」と断言できる憲法学者がほとんどいないというところに日本の悲劇があるといってよいだろう。祖国を守る崇高な任務を引受けた自衛隊を「違憲だ！」「違憲かも知れない」と解釈するということが異常な事態でなくて何であろうか。そして、現実には多くの国民が自衛隊を支持し、自衛隊を解体するような主張は、およそ現実離れした主張だと思われている。

要するに、日本国憲法第九条第二項そのものがあまりに現実離れしており、憲法学者たちの解釈通りに解釈したら、自国の防衛すらままならないというのが現実なのだ。そして多くの国民は憲法学者の憲法解釈ではなく、現実に適った極めて「不自然な憲法解釈」を受け入れている。「戦力」も「交戦権」も否定した憲法を有しながら、「自衛隊」を保持できるという、極めて「不自然な憲法解釈」によって、日本はなんとか、自国を防衛してきた。

『朝日新聞』は、自衛隊は違憲であるという憲法学者の見解を紹介しながら、自衛隊の存在を否定したり、吉田茂の憲法解釈の変更を批判したりするのではなく、安倍内閣の批判へと進む。

「多数の憲法学者と国民の反対を押し切り、集団的自衛権は行使できないとの歴代内閣の憲法解釈を、閣議決定だけで変えてしまったのは安倍内閣である。

自衛隊の存在と学者の見解とのへだたりを問題にするのであれば、安保法制を撤回するのが筋ではないか。「立憲主義の空洞化」を批判するなら、まずは我が身を省みるべきだろう」

社説のタイトルが「首相の改憲論　あまりの倒錯に驚く」とあるが、私はむしろ逆に「朝日の護憲論　あまりの倒錯に驚く」とした方が相応しいと思う。

何故なら、「自衛隊の存在と学者の見解のへだたり」が生じたのは遠い過去の出来事だ。これは吉田茂の解釈変更に端を発する「見解のへだたり」だろう。この根本の部分に目を向ける必要があるのではないか、というのが安倍総理、そして稲田氏の議論の要点だ。それに対して、『朝日新聞』は、そうした過去の大きな「見解のへだたり」を無視した上で、集団的自衛権の行使容認のみを「違憲だ！」と騒ごうとしているのだ。本を正さずして末に走る議論と言ってよい。

「自衛隊すら「違憲」とみなされるのは、おかしいのではないか？」と多くの国民が思うだろうが、現実に『朝日新聞』のアンケートでは、憲法学者の六三％が「憲法違反」「憲法違反の可能性がある」と答えているのだ。

『朝日新聞』は旗幟鮮明《きしせんめい》にすべきではないか？

「我々は多数の憲法学者の見解を受け入れ、自衛隊を『憲法違反』『憲法違反の可能性がある』と考えている」と表明するのか、それとも、「多数の憲法学者が自衛隊を『憲法違反』『憲法違反の可能性がある』というが、それは極端な見解であるから、いくら大多数の憲法学者がそのような極端な憲法解釈をしても、そうした極論には与しないで自衛隊は合憲と認める」とするのか。

一体どちらなのか？

朝日新聞の自衛隊に関する憲法解釈が「倒錯」しているのは、自衛隊の存在に関しては、多くの憲法学者の主張を無視して、「違憲である！」と表明しないのに、集団的自衛権の行使容認に関してのみ、自衛隊違憲説を奉じる多くの憲法学者の主張を鵜呑みにして「違憲である！」と騒ぎ立てるからだ。

「自衛隊を違憲である」という人が「集団的自衛権の行使は違憲である」というのは、論理が一貫していてよい。現実離れした主張ではあるが、論理として「倒錯」してはいない。

だが、「政府の勝手な憲法解釈の変更を許すな！」「立憲主義を守り抜け！」と騒ぎ立てる人々が、吉田茂の解釈の変更によって作られ、多くの憲法学者が「違憲だ！」と主張している自衛隊の存在に関しては沈黙を守るのは卑劣ではないか。自衛隊の存在を否定せず、そして積極的に肯定もせず、口をつぐんでいるのは、まことにご都合主義的で、倒錯した「護憲論」と言わざるを得ないだろう。

結局のところ、「リベラル」は現実から目を背けているのだ。仮に立憲主義を守る立場を貫徹しようとすれば、論理上、自衛隊は違憲であるから、自衛隊を廃絶せよと主張せざるをえない。だが、いくら「リベラル」といえども、かつての社会党のような「非武装中立」では、日本の平和が守れないし、国民も支持しないことを理解している。だから知的に余りに不誠実な態度に終始しているのだ。これを「反知性主義」といわずして、何を「反知性主義」と呼ぶのか、私にはわからない。

第2章　ガラパゴス左翼知識人の解剖

日本列島の中で「リベラル」たちは、他の世界のリベラルとは異なる独自の退化を続けた。まるでガラパゴス諸島に生息する生物たちが独自の進化を遂げたように。極めて特殊な退化を続ける日本の「リベラル」をガラパゴス左翼と呼ぶことにしたい。

ガラパゴス左翼批判① 池上彰氏の解剖

●右？ 左？ 正体不明の鵺

近衛天皇は、毎夜起こる「奇怪」としか表現できない不思議な現象にお苦しみになっておられた。丑《うし》の刻《こく》、すなわち午前二時になると暗雲が立ち込め、御殿を覆うのだ。警護に当たることになった源頼政が腹心一名を引き連れ、弓矢を持って待機していたところ、確かに、丑《うし》の刻になると、怪しい暗雲が立ち込め、怪しげな生物が見出される。弓に矢をつがい、「南無八幡大菩薩」と心中で祈念し矢を放つと、見事に妖怪に突き刺さった。落下した化け物を腹心が刀で九度突き刺し、成敗した。化け物は不思議な妖怪で、頭は猿、体はたぬき、尾は蛇、手足は虎であり、その鳴き声は鵺《ぬえ》という鳥に似ていた。

「鵺」の物語は『平家物語』に記された、有名な物語である。

図書館に籠もり、池上彰氏の膨大な著作群に目を通して、私が思い返したのは、この「鵺」の物語だった。

池上氏の著作の特徴は、一見すると際立った主張が存在せず、全く中立的な立場のような姿勢に終始している点にある。従って、本人の主張がどこにあるのかが判然としない。まるで鵺のように得体が知れないという思いを抱かせるのだ。

例えば、自衛隊と憲法改正の問題について池上氏は次のように指摘している。

「国内では『軍隊ではない』と言い、国外では『軍隊』として処遇される。こんな中途半端な状態から脱したい。そのためには9条を変えて軍隊を持てるようにし、自衛隊を軍隊として位置付けたい、というわけです」

（池上彰『知らないと恥をかく世界の大問題4』角川マガジンズ、二〇五頁）

最後の「、というわけです」という表現が重要だ。要するに、この表現によって、こういう主張をしているのが安倍政権なのだ、自分はあくまで安倍総理の心情を忖度しているだけで、自分自身が憲法改正論者であるわけではないと主張しているわけである。それでは、池上氏自身は、憲法改正に積極的なのか、消極的なのか、どちらの立場に立っているのかが疑問なのだが、その疑問に対しては、最後まで答えない。最終的な解答は次の通りだ。

「安倍首相が望む憲法改正も、長期政権を築けるかどうかも、参議院選挙で勝てるかどうか、過半数が取れるかどうかにかかっています。

それを認めるか、認めないか、決めるのは、あなたの1票なのです」

（前掲書、二〇八頁）

自分自身の態度は曖昧なままにしながら、あくまで中立的なニュースの解説者として振る舞おうとするのが池上流文章術の極意なのである。

●熟読すると見えてくる偏向

だが、眼光紙背に徹する思いでじっくりと池上氏の著作を読み込み、その主張について真剣に考えてみると、実は到底、中立的とは言えない内容になっている。

例えば、日本国憲法の制定過程について、この憲法がＧＨＱによって強制された「押しつけ憲法」であるという議論が存在することを指摘しながら、次のように続けている。

「実質的には日本の学者たちの改正案がベースであることや、日米間の激しい議論により日本側の意見が通った部分があること、その後の国会審議で内容に変更が加えられたこと、さらに国民の代表である国会議員によって承認されたことなどを考えると必ずしも『押しつけ憲法』とはいえないのです」

（『池上彰の政治のニュースが面白いほどわかる本』中経出版、九七頁）

「アメリカが作った草案がベースになっていることから、アメリカからの『押し付け憲法だ』という批判の声があります。しかし、日米双方で議論をし、日本側の要求も受け容れられていることを考えると、必ずしも、すべてが押し付けであるとは言えないのです」

（池上彰『政治のことよくわからないまま社会人になってしまった人へ』海竜社、二三九頁）

これを読んだ多くの人は、「押しつけ憲法」論者は事実を正しく認識できていない偏った思想の持ち主である、と思い込むであろう。だが、これはあくまで池上氏の意見であって、中立的な事実ではない。最初の引用部分を細かく検討してみよう。

「実質的には日本の学者たちの改正案がベースである」

まず、これは事実誤認である。鈴木安蔵が中心となった憲法研究会の憲法草案の中にある「国民主権」という概念にＧＨＱ民政局のラウエルが注目した事実はあるが、日本側の改正案が日本国憲法全体のベースであったということはできない。

憲法研究会の「憲法草案要綱」は、日本国内の一部の少数派が作り上げた憲法私案で、大日本帝国憲法で定められていた天皇の統治大権を否定する過激な内容であった。彼らの「憲法草案要綱」の「統治原則」の第一には「日本国ノ統治権ハ日本国民ヨリ発ス」という「国民主権」の主張が掲げられていた。これに目を付けた民政局のラウエルらは「私的グループによる憲法改正草案（憲法研究会案）に対する所見」という文書を書き上げるのだが、その中に注目すべき一節がある。「著しく民主的な規定」として「人民主権が認められる。（The sovereignty of the people is acknowledged.）」と明記しているのだ。

従って、日本人の学者の憲法草案を一切参考にしなかったと書くのは、確かに事実に反するだろう。しかし、これを以て、「日本の学者たちの改正案がベースである」ということもまた事実に反するといわざるを得ない。

実際に日本国憲法を起草した一人であるＧＨＱのベアテ・シロタの手記『１９４５年のクリスマス』（朝日新聞出版）を読めば明らかだが、その憲法草案は、ＧＨＱの憲法起草担当者、すなわち外国人たちが、英語で読める憲法に関する諸著作を継ぎ接ぎして作り上げた代物である——なお、ベアテ・シロタの手記を全て真に受けることが危険であることをノンフィクション作家の高尾栄司氏が『日本国憲法の真実』（幻冬舎）で明らかにしているので、こちらも併せて読むことを薦めたい。本書は日本国憲法の制定過程について言及する際の必読文献である——。

護憲派の「リベラル」が奇妙なのは、一方でベアテ・シロタを日本国憲法の制定に寄与したと賞賛しながら、他方で、日本国憲法の草案は日本人が起草したと主張する点である。全く矛盾する言説を堂々と主張するのは、異常を通り越して不気味な反知性主義的態度である。

さて、池上氏の主張の次の部分はどう解釈したらいいだろうか。

「日米間の激しい議論により日本側の意見が通った部分があること、その後の国会審議で内容に変更が加えられたこと、さらに国民の代表である国会議員によって承認されたこと」

（『池上彰の政治のニュースが面白いほどわかる本』中経出版、九七頁）

これらは全て事実である。しかし、これらの事実を指摘しただけでは真実を描いているとは言えない。池上氏は、「押しつけ憲法論」者にとって都合の悪い事実を列挙しているだけで、より重要な事実から目を背けているのだ。

●池上氏が直視しようとしない真実

日本国憲法が「押しつけ憲法」であるという主張をする際、重要な論点が、「言論の自由が存在したか否か」という点だが、この重要な論点について池上氏は触れようとしない。

被占領期の「言論の自由」について語る際、どうしても言及せざるを得ないのが「検閲」の問題である。日本国憲法は第二一条で検閲を禁止し、言論の自由を保障すると謳っているが、GHQ自身は徹底的な検閲によって憲法についての自由な議論を封殺していたのだ。

GHQの検閲で「削除または、発行禁止処分の対象」となる項目の一つは次のように定められていた。

「SCAPが憲法を起草したことに対する批判
日本の新憲法起草に当って、SCAPが果たした役割についての一切の言及、あるいは憲法起草に当ってSCAPが果たした役割に対する一切の批判」

ここでいうSCAPとは連合国最高司令官総司令部、すなわち占領軍のことである。つまり占領軍が新憲法を制定したことに触れてはいけないというのだ。

占領軍が憲法を制定したことに対する批判が禁止されたのではない。占領軍が憲法を制定したという事実そのものに対する言及が禁止されたのだ。従って、新憲法を歓迎する趣旨の内容であっても、占領軍が新憲法を起草した事実に触れた文書は検閲の対象となり、削除または発行禁止処分の対象となったのだ。

自ら、GHQの検閲官を務めた甲斐弦《かいゆずる》は次のように述懐している。

「新憲法第二十一条を読むたびに私は苦笑を禁じ得ない。
『検閲は、これをしてはならない。通信の秘密は、これを侵してはならない』
何というしらじらしい言葉だろう。言論及び思想の自由を謳ったポツダム宣言にも違反し、GHQ自身の手に成る新憲法にも抵触するこのような検閲が、憲法公布後もなお数年間にわたって実践されていたのである」

（甲斐弦『GHQ検閲官』葦書房、一二〇頁）

私自身も被占領期の検閲の実態を調査している最中だが、これだけ徹底的な検閲をしておきながら、まるで「言論の自由」が存在していたかの如くに開き直る護憲派「リベラル」の無神経さは理解不能としか表現できない。

また、国会で議論されたことが重要なことであるかのように池上氏は主張しているが、これも重要な事実を隠蔽したうえでの主張に過ぎない。確かに、国会で憲法について議論がなされたのは事実だが、この国会議員の選び方にもGHQは関与していた。すなわち「公職追放」という形で、自分たちに都合の悪い政治家の立候補を不可能にしたうえでの選挙であったことを指摘しておかねば、「真実」とは言えないであろう。

例えば、戦後の選挙で当選し、首相となることがほぼ確実視されていた鳩山一郎は、当選後に公職追放の憂き目にあった。選挙で当選した政治家でも、自分たちの意に添わなければ変更ができるほど巨大な権力がＧＨＱに存在していたのである。これらの巨大な権力の存在から目を背け、あたかも自由で民主主義的な国家の中で、憲法について自由な討議が存在し、国会でも自由な議論を経て憲法が制定されたかのように語るのは、欺瞞以外の何物でもなかろう。

●不勉強なのか？　不誠実なのか？

池上氏の諸著作を読んでいて、不勉強であるがゆえに言及がないのか、不誠実であるがゆえに言及がないのか、戸惑うことがある。

池上氏は次のように述べている。

「『池上さんは、なんでニュースにくわしいんですか？』

こう聞かれることがよくあります。その答えは、『いつも新聞を読んでいるからです』

わたしは小学生の頃から新聞が大好きでした。まだテレビの放送があまりなかった時代だったからかもしれません。テレビのニュースはほとんどなく、もちろんテレビゲームもインターネットもありませんでした。朝晩にとどく新聞を読まないと、ニュースを知ることはできなかったのです」

（池上彰『池上彰の新聞活用大事典』文渓堂、四頁）

確かに新聞を読んでいるだけでは、ＧＨＱの過酷な検閲について学ぶことは少ないだろう。池上氏の著作は、新聞を読んでいれば分かる当然のことがほとんどなので、この説明の通りだとすれば、池上氏は言論人として無知な点はあるかもしれないが、不誠実な人ではないということになるだろう。だが、他の本で池上氏は次のようにも語っているのだ。

「経済や海外事情、環境問題など、なるべく専門書を読むようにしていまして、雑誌類を別にして、年間三〇〇冊は読んでいます」

（池上彰『これが「週刊こどもニュース」だ』集英社文庫、二二五頁）

ここで憲法に関する専門書を読んでいるとは言明していないが、これだけ専門書を読む人間が、憲法論を論ずる際に、専門書をまるで読まないということは考えにくい。そして極めて不幸なことに我が国の憲法学者の書いた専門書は護憲派の書籍が圧倒的に多く、真実を隠蔽した内容の書物であることが多い。

そう考えると、池上氏が読んだ専門書が護憲派の著作であり、重要な論点について論じていなかった可能性もある。この場合には、池上氏の不幸は、本を読まなかった不幸ではなく、偏った本ばかり読んでしまった結果ということになる。気の毒である。

●ネットを蔑視する池上氏

ところで、池上氏の本を読んでいて気にかかったのが、池上氏がインターネットのユーザーに対してかなり批判的な点である。池上氏は次のように主張している。

「ネットが浸透していると言っても、実際にネットに自分の意見を書き込む人というのは、まだまだ少数派です。その少数派の中でいくらブームが起きていても、ネットの外も含めた全体を見ると、大したことがないということがよくあります」

（池上彰『池上彰の政治の学校』朝日新聞出版、二一〇頁）

「ネット利用者が、自分がネットを利用して感じている感覚と世論調査がズレてくると、『マスメディアは偏向報道している』、『世論調査も自分たちにとって都合のいいようにしているだけだろう』と言い出すことです。これはとても残念なことであり、不健全な考え方です。日本のマスメディアは、世論調査にバイアスをかけるような、つまらないことはしません。ネットの利用者は、まず、『自分たちの方が少数派なんだ』という自覚を持つことが大事です」

（前掲書、二一〇～二一一頁）

池上氏の指摘どおり、インターネットの世界だけで世の中を判断するのは間違っている。だが、この池上氏の文章は少々気になる部分がある。池上氏は、ネットの利用者が「ネットを利用して感じている感覚と世論調査がズレてくると」「マスメディアは偏向報道している」と騒ぎ出し、それが「とても残念なこと」で、「ネットの利用者は、まず、『自分たちの方が少数派なんだ』という自覚を持つことが大事」だという。これはネットの利用者を軽蔑したような上から目線の侮蔑的な主張ではないか。

確かに、日本のマスメディアが世論調査を操作しているという批判は根拠が曖昧だから、批判されても仕方あるまい。だが、ネットの利用者が「マスメディアは偏向報道している」と感じるのは、自分たちの「感覚」と「世論調査」の結果が「ズレて」くるからではない。

例えば、『朝日新聞』は長きにわたって、慰安婦の強制連行を実行したという虚偽の自白をした吉田清治の主張を事実として報道し続けた。吉田の証言は、虚偽であることが明白であり、良識的な専門家がこの事実を指摘していたにもかかわらず、『朝日新聞』をはじめとするマスメディアは、虚偽の自白を事実として報道し続けた。

実際に虚偽によって日本を貶めるという偏向報道を垂れ流していた。だから、「偏向報道している」と、ネットの利用者の批判が高まるだけなのだ。こうした「虚偽」を「虚偽」と批判することが、ノイジー・マイノリティーの戯言であるかのように印象付ける池上氏の主張はおかしい。そして「少数者」の意見など、真実からかけ離れているに決まっており、マスメディアの報道こそが真実に近いという主張は、マスメディアの傲慢以外の何ものでもないだろう。

「ネットの利用者は、まず、『自分たちの方が少数派なんだ』という自覚を持つことが大事です」という文章の「ネットの利用者」の部分を別の言葉に入れ替え、その差別性について考えてみるといい。

「在日の方々は、まず、『自分たちの方が少数派なんだ』という自覚を持つことが大事です」

「LGBTの方々は、まず、『自分たちの方が少数派なんだ』という自覚を持つことが大事です」

明らかに差別的表現と糾弾されるだろう。何故、ネットの利用者だけが、少数者であることを自覚させせられ、その主張を控えなければならないのだろうか。余りに理不尽である。

池上氏がネットに対して憎悪の念を燃やす一つの理由は、ネットが池上氏にとって都合の悪いメディアであるからではないだろうか。

●池上氏の正体——事実の選択による大衆操作

実は、本稿を執筆するにあたって、書籍以上に有益だったのが、YouTubeだった。私は基本的にテレビを観ないので、池上氏がテレビでどのような発言をしているのか知らなかった。友人の一人から「池上氏は偏向報道の手先のような人物だ」と聞き、実際にその番組を観てみたいと思っていたのだが、残念なことに友人はその番組を録画していなかった。だが、本当に偶然だが、その番組がYouTubeに投稿されていた。

番組では、芸能人を前に池上氏がニュースの解説をしている。麻生太郎元総理大臣が高級なホテルのバーを利用していることを強調し、庶民感覚とはかけ離れた政治家であると印象付けていた。その後、菅直人総理（当時）が行きつけのラーメン屋で食事していたことを紹介し、麻生元総理大臣とは対極的な庶民的な政治家であるかのごとき印象を与えていた。

確かに、麻生氏が高級バーで飲んでいたという事実は虚偽ではないし、菅氏がラーメン屋で食事をしたのも虚偽ではない。従って、池上氏は一つも嘘をついていない。だが、実際に調べてみると、菅直人氏も麻生氏に劣らず、連日のように高級な料亭、レストランで食事をしており、庶民的なラーメン屋で食事をしたのは、例外的な事例に過ぎなかった。

要するに、池上氏は虚偽を伝えることはしないが、極めて巧妙に多数事実の中から、自分にとって都合のいい事実を選別し、視聴者への印象操作を行っていたのである。視聴者は麻生氏、あるいは自民党の政治家は、庶民とはかけ離れた金銭感覚の持ち主であり、今はなき民主党の政治家は庶民的な政治家だと思い込むように誘われているのである。

嘘はつかずに「事実の選択」によって、国民を左に誘導する。それが池上氏の真実に他ならないだろう。奇怪な鵺のような言説は、あくまで中立的であるかのように装うための仮の姿であり、その本性は、視聴者を知らず知らずのうちに左へと牽引するガイド。それが池上彰氏の正体だ。

実際に池上氏が特定の方向へと誘導するために自分自身が動いているとはっきりと語っている貴重な文章もある。『これが「週刊こどもニュース」だ』（集英社文庫）に収録されているエピソードだ。

一九九六年、包括的核実験禁止条約が調印されたとき、インド政府は強く反発した。それは核兵器を既に開発した諸国の核兵器はそのままにして、今後核兵器を保有しようとする諸国には禁止するのは、大国の横暴にすぎないのではないかという論理に基づいていた。

子供が池上氏に尋ねた。

「実験で、どこかに迷惑をかけたの?」

池上氏は逆に問い直す。

「よその国に迷惑をかけなければ、核実験をしてもいいと思うわけ?」

「うん、ちょっぴりそう思う」

以下、池上氏の感想だ。

「たいへん率直な感想です。でも、私もスタッフも、大きなショックを受けてしまいました。核実験の恐ろしさが、どうしてこどもたちに伝わらないのか。…(略)…これでは、核兵器をなくすように、日本のこどもたちが世界に呼びかけるどころではありません。こどもたちのこの反応を見て、私たちは一九九八年の夏、出演者のこどもを広島に取材にいかせました」

(前掲書、二〇八頁)

広島に行った結果、他国に迷惑をかけなければ核実験をしても構わないのではないかと考えていたこどもは、池上氏に「うん、やっぱり核実験はいけないね」と言ったという。

　私は核兵器を拡散すべきではないと考える点で、池上氏と一致している。しかし、池上氏の主張は他ならぬ日本が米国の核の傘の下で平和を維持しているという事実から目を背けている。核兵器の廃絶を「日本のこどもたちが世界に呼びかける」ことは、無条件に正しい主張ではないが、池上氏はその方向に誘導しようと必死に努力している。その結果、こどもは「やっぱり核実験はいけないね」という結論にたどり着く。自分自身が正しいという方向に視聴者を導きたいという姿勢は間違っていない。だが、自分自身が全くの中立的立場に立っているかのように振る舞いながら、視聴者、あるいは共演者を一定の方向へと誘導する姿は、いささか卑怯な姿と言わざるをえない。

　池上氏は決して中立的な立場で発言しているのではなく、視聴者、あるいは、読者を特定の方向へ誘おうと試みているということを留意しながら、彼の解説を聞くことが重要だ。

ガラパゴス左翼批判② 加藤典洋氏の解剖

●語られてこなかった「憲法制定権力」

日本国憲法に限らず、憲法を論ずる際、本来語られるべきことが、日本では語られないままに放置されている問題がある。「リベラル」が言及を避けている問題である。それは「憲法制定権力」の問題である。

恐らく、多くの人が「憲法制定権力」について聞いたことすらないはずなので、ここで簡単に触れておこう。「憲法制定権力」とは、簡単に言えば、憲法を憲法足らしめる力のことだ。誰が、憲法を憲法足らしめる力を保持しているのか、これが憲法を論ずる際に重要な問題になってくる。

憲法学者のカール・シュミットは「憲法制定権力」について次のように定義している。

「憲法制定権力は政治的意思であり、この意思の力または権威により、自己の政治的実存の態様と形式について具体的な全体決定を下すことができる、すなわち政治的統一体の実存を全体として決定することができるのである」

（シュミット『憲法論』みすず書房、九八頁）

すなわち、その国家をいかなる国家とするのかを決定する「政治的意思」をもつ存在こそが、憲法制定権力の保持者に他ならないのだ。そして、シュミットによれば、これは「政治的意思」であり、その意思を拘束する規範は存在しない。

「憲法は、内容が正当であるために妥当するところの規範に基礎を置くのではない。憲法は、自己の存在の態度と形式についての、政治的存在から出てくる政治的決定に基づいている。『意思』という言葉は——規範的または抽象的な正当性に依存するようなものでは全くなく——妥当根拠として本質的に実存するものをいい表す」

（前掲書、九九頁）

やや分かりにくい文章だから、平易に言い換えてみよう。要するに、憲法制定権力を保持した人間の意志は何ものにも拘束されない。我々は、往々にして、憲法の中身が正しく、理解を得やすいものだから、憲法として成立すると考えがちだが、シュミットによれば、それは間違いである。内容の正しさには関係なく、憲法制定権力を保持したある自由な政治的意思のみが憲法を制定することができる。憲法は、その内容が優れているから憲法となるのではなく、「憲法制定権力」を有した存在の自由な「政治的意思」の決断によって憲法となるというのだ。

日本国憲法の文脈で置き換えてみたら、こういうことになる。日本国憲法は、その内容が素晴らしいから憲法となったのではない。圧倒的な軍事力を有するマッカーサーが「憲法制定権力」を保持していたため、マッカーサーの自由な意思と決断によって、マッカーサーが認めた文言が日本国憲法として成立したのだ。

小西豊治氏の『憲法「押しつけ」論の幻』(講談社現代新書)のように、日本国憲法の「国民主権」の概念が、日本人憲法学者鈴木安蔵の発案であることを以て、日本国憲法は日本人によって作り上げられた憲法だ、などと主張する向きもある。だが、これは、「憲法制定権力」の問題を無視した暴論であり、書籍の題とはうらはらに、自身の主張そのものが「幻」である。

日本国民から「憲法制定権力」が奪われ、全く日本国民の与り知らぬ間に憲法が強制されていた。これが歴史の真実であり、だからこそ、戦後一貫して保守派は、憲法の改正、あるいは自主憲法の制定を訴えてきたのである。

●「左折」改憲論の登場

ところで、最近、奇妙な改憲論が登場した。左派から提出された「左折の改憲」論である。矢部宏治氏の著作『日本はなぜ、「基地」と「原発」を止められないのか』(集英社インターナショナル)を読み刺激を受けたという池澤夏樹氏は「左折の改憲を考える時」と題した『朝日新聞』のコラムで次のように指摘している。

「（引用者注・憲法は）①占領軍が密室で書いて、受け入れを強要した。②その内容の多く（とくに人権条項）は、日本人にはとても書けない良いものだった。このねじれが問題。…（略）…これまで（ぼくも含めて）いわゆる護憲派は②が大事なために①をないことにしてきた。言ってみれば右折の改憲を止めるために直進と言い張ってきた。

しかし、いまはもう左折の改憲を考えるべき時かもしれない。

この本の真価は改憲の提案にある」

（『朝日新聞』二〇一五年四月七日夕刊）

確かに、今まで護憲派は「憲法制定権力」の存在を意図的に無視して護憲論を展開してきた。自分たちが素晴らしい憲法であると信ずる日本国憲法がアメリカ人の手によって作られたという事実を日本国民に知らせれば、日本国民の多くが、外国製の憲法に違和感を覚えることを恐れていたからだ。だから、何とかして日本国憲法は日本人が作ったことにしようと無理矢理で出鱈目な議論を展開してきた。しかし、この「左折の改憲」論は、憲法制定権力がアメリカにあったことを認め、同時に、日本国憲法の積極的価値を評価し、さらに、積極的にリベラルな憲法へと改憲しようと提唱するのだ。

矢部氏が問題視しているのは米軍基地の問題である。彼は米軍基地を撤去するために、憲法の改正を行う必要があると主張する。具体的には、九条の第二項を「必要最小限の防衛力はもつが、集団的自衛権は放棄する」とし、さらに「今後は国内に外国軍基地を置かない」ことを憲法に明記すべきだというのだ。矢部氏が模倣すべきであると主張するのは、フィリピンの一九八七年憲法による米軍基地撤去の方法である。憲法改正によって、在日米軍を撤去させようというのである。

●加藤典洋氏『戦後入門』の登場

こうした矢部氏の「左折の改憲」をさらに過激に推し進めようと提起するのが加藤典洋氏の『戦後入門』（ちくま新書）である。恐らく、「左折の改憲」論の中で、最も過激で、それなりに論理的な改憲論者であるが、やはり「リベラル」の枠を超えないのが加藤氏の議論である。加藤氏の主張を理解しておくことが、今後現れるであろう「左折の改憲」論を理解するうえで有益であろうから、以下、加藤氏の議論を検討しておきたい。

加藤氏の議論は戦後の日本人が、戦前の日本人を価値観において裏切ってしまった、そして、その裏切りは「正当な裏切り」であったとの前提に立っている。

加藤氏はいう。

「いわば戦後の日本人は、戦前の日本人、戦争の死者たちを、その考え方において、裏切ったのでした。連合国という元の敵の価値観に転向した。寝返ってしまった」

（『戦後入門』五九頁）

そして、価値観において寝返った戦後の日本人にとって、日本国憲法は、中身は非常に優れたものであったが、あくまでこの憲法は、米軍によって「押し付けられた」ものであり、「憲法制定権力」はアメリカの手に残り続けている。従って、この「憲法制定権力」を日本国民の手に取り戻し、我々自身の手で、戦前の日本を裏切って得た価値観をさらに徹底した方向へと進めていかねばならないというのだ。

では、日本国民は、どのような方向へと進んでいくべきだと主張しているのか。

ここで加藤氏が持ち出すのが、日本国の交戦権を否定したマッカーサー・ノートである。

「国家の主権としての戦争は廃止される。日本は、紛争解決の手段としての戦争のみならず、自国の安全を維持する手段としての戦争も放棄する。日本は、その防衛と保護を、今や世界を動かしつつある崇高な理想に委ねる。日本が陸海空軍を保有することは、将来も許可されることがなく、日本軍に交戦権が与えられることもない」

このマッカーサー・ノートにおける「今や世界を動かしつつある崇高な理念」とは一体何を意味しているのか。この理解が重要だと加藤氏は説く。

この理念の問題を語る際、加藤氏が注目するのが「大西洋憲章」の一節だ。そこには次のように記されている。

「両国は、世界のすべての国が、実際的および精神的のいずれの見地からも、武力の使用の放棄に到達しなければならないと信ずる」

世界のすべての国が武力の放棄に至る。これこそが「今や世界を動かしつつある崇高な理念」に他ならないのではないかと彼は考えるのだ。こうした立場に立てば、日本国憲法で定められた交戦権の放棄とは、単純に日本の武装解除を求めた懲罰的なものではなく、一種の世界規模の理想が宿されていたということになる。

従って、加藤氏は説く。

「憲法九条の交戦権の放棄（戦争放棄）という条項を、交戦権の剥奪（懲罰）であるとともに、前倒し的な交戦権の交際連合のような世界政府的存在への委譲（モラル・リーダーシップ）でもあるものとして受け止めるような視力が、ここには必要でした」

（前掲書、三五二頁）

戦後の保守派は、アメリカが日本の交戦権を放棄させたことを勝者が敗者から「交戦権」を剥奪したものと看做した。いわば、勝者から敗者へ懲罰が与えられたものと解釈したのだ。だが、彼はそう考えない。交戦権の放棄は、懲罰ではなく、理想のための第一歩を踏み出す行為に他ならなかったというのだ。

加藤氏は、今なお、こうした「崇高な理念」の実現に向けて突き進むことが日本人の誇りを回復する唯一の道だと主張する。

「憲法の前文に書かれた『平和主義』に立ち戻ること。…（略）…改めて戦後の初心に戻り『平和を愛する諸国民の公正と信義に信頼する』平和主義を貫くことによって、『専制と隷従、圧迫と偏狭を地上から永遠に除去しようと務めている国際社会において、名誉ある地位を占め』る。これしかありません」

（前掲書、四三七頁）

平和主義を突き進める「憲法九条の改正による平和憲法の強化」こそが、現在の日本に求められているというのだ。

●奇妙な論理①　交戦権を国連へ移譲

それでは、具体的に憲法九条をどのように変えようというのだろうか。加藤氏の主要な提案は、

「国連外交の強化」「非核化」「外国軍基地の撤去」の三点に絞られる。

まずは「国連外交の強化」についてである。加藤氏は国連平和維持活動に参加するために、自衛隊とは別に国連待機軍や国際災害救助隊のような組織を作る必要があるという。

私は日本が国連に対して協調することに関しては、別段加藤氏に反対するつもりはないが、「国連外交の強化」という名目で、彼は奇妙な提案をしている。私は、こちらの異常な提案に驚愕した。

加藤氏は現行憲法が「交戦権」を否定していることを高く評価し、さらに進んで交戦権を国連へと移譲することを憲法に書き込み、自衛隊の治安出動を禁ずるべきだという奇妙な提案をしているのだ。

そもそも「交戦権」を国連に移譲するとは、一体どういうことなのだろうか。

常識で考えれば、「交戦権」を国連に移譲した場合、日本の安全保障は国連によって守られることになるだろう。

だが、加藤氏は次のようにも主張している。

「自衛権があろうと、なかろうと、他の国が軍隊で攻めてくれば、私たちは、それに抵抗するでしょう。私は、他国の軍隊の侵略に対しても丸腰で対するという完全無抵抗主義、あるいは、絶対非暴力主義の立場はとっていません」

（前掲書、四四三～四四四頁）

日本国憲法の最大の矛盾は「交戦権」を否定しながら、自衛隊を認め、「自衛のための抗争」は認められるとしていた点であった。まるで魔術師のように言葉を操り、不可能なことを可能にしてしまった点が問題であった。従って、憲法九条を改正するのであれば、「戦力」を認め、「交戦権」の回復を宣言するのが当然の筋道なのである。現実においては「戦力」も「交戦権」も半ば認められながら、憲法上は、まるで「戦力」も「交戦権」も認められていないところに、戦後最大の矛盾があるのだ。

しかし、加藤氏はこの矛盾を放置し、さらなる言葉の魔術を展開させようとする。「交戦権」を国連に移譲しながら、日本を守る「国土防衛隊」を編成するというのだ。

敵国が日本に攻め込む。そこで加藤は「丸腰で対するという完全無抵抗主義、あるいは、絶対非暴力主義の立場」に立たずに、「国土防衛隊」に戦えという。しかし、その「戦い」そのものは「自衛権」の有無、交戦権の有無とは無関係なものだと言い張るのだ。これは、憲法制定時のマッカーサーの意図とは反している。自衛のための戦いすら放棄せよというのが、「今や世界を動かしつつある崇高な理念に身を委ねる」という意味ではなかったのか。加藤氏の言説はご都合主義的だ。

●奇妙な論理②　治安出動の禁止

また、「治安出動」を禁止するという主張も非現実的に過ぎる。加藤氏は「国の自衛権」と「国民の自衛権」とを区別し、国家が国民に対して銃を向ける「治安出動」を否定する。

「一般の市民の安全、国家の安寧、社会の治安のためには、警察があるという考えです。ですから軍隊=国土防衛隊はけっして国民に対して銃を向けない」

（前掲書、四四八頁）

加藤氏は国家が国民に対して銃を向けるのが治安出動だと断ずるが、これは余りに極端な解釈だ。「治安出動」とは、自衛隊なり軍隊なりが一般の国民に対して、銃を向けることなどではない。テロによって政権を転覆させようと試みる危険集団や、外国の教唆または干渉によって引き起こされた大規模な内乱、騒擾が勃発した際、一般の警察力によっては治安を維持できない状況下で初めて「治安出動」の命令が下されるのだ。

加藤氏は敵が攻めてくるときに「絶対非暴力主義」の立場に立たないといいながら、国内における大規模な騒擾《そうじょう》事件、テロ事件で多くの国民の生命が危機に曝された際、「治安出動」することは「国民に銃を向ける」行為であり、禁じられるべきだと主張しているのだ。

警察では対応できないほど大規模なテロや内乱が勃発した際、加藤の主張を額面通りに受け止めれば、テロ集団等々のなすがままに任せよということになりかねない。あるいは、対応できないはずの警察に向かって、テロ集団を取り締まれと無茶な要求をしていることになる。

常識で考えれば理解できるが、国民の生命、財産を守るために「治安出動」が必要な場合もある。こうした現実を見つめずに、いたずらに国家憎しの立場から「治安出動」を敵視する加藤氏の「リベラル」な論理は破綻している。

●奇妙な論理③　核戦略

加藤氏は次のように日本の「非核化」も憲法九条に書き込むべきだと主張する。

「今後、われわれ日本国民は、どのような様態のものであっても、核兵器を作らず、持ち込ませず、使用しない」

（前掲書、四九〇頁）

核兵器に関する議論では、加藤氏は単純に核兵器の廃絶を願う、あるいは、祈る、といった全くの夢想じみた発言を繰り返しているわけではない。核兵器が存在してしまっている以上、核兵器が存在しない世界へと後戻りすることは不可能だと認め、抑止論によって核兵器の使用を抑え込むべきだとロナルド・ドーア氏の特殊な核抑止論を高く評価しているのだ。

ドーア氏は、全ての国家に対して核保有国になる選択肢を与えるべきだと説く。そして、核保有をできぬ国家に、いずれかの国が核攻撃を仕掛けてきた際には、その国家の代わりに核兵器による報復措置をとる国家が存在すべきだと説く。要するに、ある国家に対して核攻撃を行った国家は、必ずいずれかの国家、あるいは国際機関によって核兵器による報復を受けざるを得ないような国際体制を構築せよというのだ。

この提案自体は、その実現可能性はともかく、極めて興味深い提案だといってよい。だが、加藤氏はこうしたドーア氏の提案を高く評価しながらも、その結論は、至って凡庸なのだ。日本は未来永劫どの国に対しても非核の姿勢を貫けというだけなのだ。

一体、ある国家が日本に対して核攻撃を仕掛けた際、どういう報復措置が取られるべきなのか。日本が核武装して、その国家に報復すべきなのか、あるいは、現在のようにアメリカの核の傘のもとにあるべきなのか。双方の選択の利益、不利益はなにか。こうした具体的な議論があるべきなのだが、加藤氏の議論には、そうした具体的な話は一切存在せず、日本の非核化のみが熱っぽく語られている。如何に日本に対する核攻撃を防御するかは全く検討されないまま、ひたすら日本の非核化のみが「理想」として語られていることに、危うさを感じるのは私ばかりではあるまい。

●奇妙な論理④　在日米軍の撤退

そして、在日米軍を撤退させることも憲法九条を変更することで可能になると加藤氏は主張する。「全ての外国の軍事基地、軍隊、施設は国内のいかなる場所においても許可しない」との一文を憲法九条に付け加えよというのだ。これは、矢部氏の提案をそのまま受け入れたものだ。

確かに在日米軍による許しがたい犯罪が起きている事実から目を背けるわけにはいかない。被害者となった人々の悲しみを無視すべきではない。そうした事実に目を向ければ、同胞の一人として、激しい怒りが込み上げてくる。在日米軍のこうした残虐な犯罪行為に対して憤りの声を上げるのは当然だ。しかしながら、一部の犯罪者に注目するあまり、日米同盟の積極的な意義を一切無視するというのは、あまりに極端な態度というものではないだろうか。

戦後、日本は豊かで平和な国家を作り上げてきた。侮辱を受けながらも、祖国を守るという強い意志で訓練に取り組んできた自衛隊、そして、精強無比の在日米軍が日本を守ってきた結果、日本の繁栄は守られてきたのだ。

自国のことを自国で守るという気概を忘れてはならないのは当然のことだ。しかし、今日の世界で、一国のみで自国の安全を守り抜くことは難しい。価値観の近い国家同士が手を取り合って、相互に支えていくことによって平和を守っていく時代に入った。いうまでもなく、祖国を思う気持ち、祖国を守り抜く気持ちは尊いし、尊重されねばならない。そして同時に、賢明で堅牢な安全保障体制を構築する必要があるのも事実だ。

現在、日米同盟は、日本と米国の双方にとって大きな利益をもたらしている。在日米軍は、憲法上自衛隊が果たすことのできない「前方展開部隊」として機能しているし、紛れもなく我が国は米国の「核の傘」の下にある。これは否定できない現実だ。そして、弾道ミサイル防衛においても、高度な米国の情報収集能力に依拠している部分が大きい。

日米同盟においては、時代とともに地位協定等を見直す必要があるのは、当然と言ってよいが、戦後の平和を守り抜いてきた日米同盟を根本から転覆するような企ては、余りに無謀な企てと言わざるを得ない。

●サルトル型リベラル

加藤氏はフィリピンが憲法の書き換えによって米軍を撤退させたことを礼賛しているが、その後の中国の軍事的膨張をみれば、米軍の撤退が果たして戦略的、戦術的に考えてフィリピンの国益にかなっていたのかは、極めて疑わしいと言わざるを得ない。フィリピンが実効支配していたミスチーフ礁、スカボロー礁を中国に奪われたのは、米軍の撤退と無関係ではあるまい。

戦後日本では、憲法制定権力がアメリカの手に握られたまま、憲法が押し付けられた。左派がこの事実に目を向け始めたことは、正当に評価されるべきであろう。いつまでも憲法制定過程に関する事実を隠蔽し、糊塗した上で、護憲論を展開するのは異常な態度と言わざるを得ないからだ。しかし、憲法改正によって平和憲法を強化するという「左折の改憲」は、現実的には、いたずらに我が国を窮地に立たせる動きにしかならない。

加藤氏の『戦後入門』は、膨大な資料を読み込んだ上で書かれた著作であり、面白い歴史的事実が幾つも紹介されており、それなりに興味深い一冊である。しかし、現実問題を語り始めた瞬間、加藤氏の分析は鈍り、最終的には、大きく誤る。

何故、これだけの知性が、と残念に思ったとき、昔読んだ、村松剛とレイモン・アロンの対話を思い出した。

「サルトルはたしかに一個の輝かしい才能だと思うが、とぼくはいった。
——ことが政治問題に触れると、どうしてあんなに子どもっぽくなるのでしょうか。
——それが不思議なのだよ。あれほどの才能が。
歯ぎれのいいアロンが、このときは珍しく暗い顔をして口ごもった」
（村松剛『アンドレ・マルロオとその時代』角川選書、一七八頁）

日本にはあまりにもサルトル型の「リベラル」な知識人が多すぎる。

ガラパゴス左翼批判③　内田樹氏の解剖

●内田氏はイケメンだ

『日本辺境論』『寝ながら学べる構造主義』など様々なベストセラーを持つ思想家で、武道家としても活躍する内田樹先生はなかなかの二枚目である。

どうしてこのようなことを書くのか訝《いぶか》しむ読者の方も多いだろうから、理由を明かしておこう。実は、内田樹氏の本を幾つか読んでみたのだが、政治的な主張で賛同できる点がほとんどなかった。何か一つでも褒めておくべきであろうと悩んでいたときに、内田氏が面白いことを指摘していた本に出合った。『内田樹の生存戦略』（自由国民社）という著作である。これは『GQ』という雑誌の連載をまとめた本で、様々な読者からの質問に対し内田氏が率直に答えるという構成になっているのだが、なかなか興味深い点もあった。

最初の質問が「人をほめるときの基準を教えてください」と題する質問で、読者は他人のどのようなところを褒めればいいのかを内田氏に尋ねている。

内田氏は褒められて困る人などいないのだから、機会を見つけて、気づくごとに褒めよと説いた後、次のように指摘している。

「あと、どんな人にも効果のあるほめ言葉は『ルックスがいい』です。これは言われて怒った人を見たことがありません」

（『内田樹の生存戦略』九頁）

なるほど、確かに政治的な主張に全く賛同できなくても見た目を褒めることはできる。そう納得し、冒頭の一文に到った次第である。

冗談はさておき、この回答は優れているといってよい。何よりも具体的な回答となっており、社交辞令が人間関係の円滑油であるという当然の事実を受け入れた上での助言となっているからだ。読み進めていると、非政治的な質問に対する内田氏の回答は、他にもなかなか面白く、鋭い回答が散見される。

●鋭く知的な内田氏の人生相談

広告代理店に就職してみたいという学生が就職活動の準備として「何をやっとけばいいんですか？」という質問をしている。この学生は、広告代理店に就職してみたいのだが、自分自身の学生生活を振り返って、勉強、サークル活動において、特筆すべき点がなく、自己自身を主張する言葉が見つからないのだ。一体、そういう自分は「何をやっとけばいいんですか？」という質問だ。大学で教員をしていると、この手の質問を受けることが多いが、学生に対して、「こういう状況になるな」と指導することは可能でも、「こういう状況」になってしまった後では、ほとんど打つべき手がないというのが正直なところだ。

しかし、内田氏の回答は見事だ。問題に対する「正解」を求めているこの学生は「クリエイター」に向かないから、広告代理店に就職するのは止めた方がいいというのだ。そして、「最低限これだけはやっておけばいい」というような最低限の水準を求める行為そのものを「そんなことをやっていても何にもなりませんよ」と一蹴する。さらに、最低レベルだけをこなすような人間は「いくらでも換えが利く」人間であり、「ある日いなくなっても誰も困らないし、誰も気がつかない」存在に過ぎないとまで断じている。

恐らく、私自身がこうした質問をされたら、同じように回答するだろう。残念なことに、自分自身がその他大勢と同程度に最低限度をこなしているだけの存在で構わないと考えている学生は、想像以上に多い。若いうちから前向きに生きようという気概を欠いた人間を雇う企業の方が気の毒というものだろう。どこの企業も奉仕活動で学生を採用しているわけではない。他人と同じ「最低限」の仕事だけをこなしておけば構わないなどというつまらない人間を雇うほど企業は暇ではない。従って、内田氏の回答も社会人の先輩として、極めて適切な回答となっているといってよい。

●奇妙な論理① 靖国神社とヒトラー

だが、質問が政治的な事柄に及んだ瞬間、内田氏の回答はまるで見当外れになってしまう。奇妙な現実なのだが、優れた哲学者が極めて杜撰で出鱈目な政治分析しかできないということがある。右のハイデガー、左のサルトルを思い起こせば、深遠な哲学と浅薄な政治的分析が同じ脳から生み出されるという不思議な現象は、決して現代日本に固有の問題ではない。内田氏がハイデガーやサルトルに匹敵する哲学者であるのかについて、私は判断する立場にない。だが、その極端で非論理的な政治音痴ぶりは、ハイデガーやサルトルの政治音痴と径庭《けいてい》がなく、思わず呆れてしまう程である。

例えば、内田氏は首相による靖国神社の公式参拝について、次のように説明している。

「今のところ靖国公式参拝をアメリカは黙認していますけれど、あれは理屈から言えば、ドイツの首相がヒトラーの墓参りをしているようなものなんです」

（前掲書、一八六頁）

改めて説明するのが馬鹿らしくなるくらい事実とかけ離れた説明だ。ヒトラーと東條英機を同一視するような議論は、まるで歴史を学んでいない者の議論と評さざるをえない。何故なら、ヒトラーが歴史にその悪名を刻んだのは、ホロコーストという許されざる野蛮な行為に手を染めたからだ。ヒトラーは国内のみならず、地球上からユダヤ民族という一民族を抹殺しようとした狂気の独裁者だった。そしてユダヤ人のみならず国内の障害者、性的マイノリティを全て殺戮しようと試みた。自らの夢想する「第三帝国」を実現するために、夥しい人々が血を流しても構わないという恐るべき独裁者だったのだ。

戦前の日本にそのような独裁者が存在したであろうか。当然のことだが、一民族を地上から消し去ろうと試みた独裁者など日本に決して存在しなかった。東條英機が優れた指導者であったのか、否かについては、議論の分かれるところだろうが、東條がヒトラーのような独裁者ではなかったことは、歴史を繙けば、誰でも容易に理解できる事柄だ。ユダヤ人を殺戮するためのアウシュヴィッツ収容所の存在は有名だが、日本に特定の民族を殺戮するための強制収容所など存在しなかった。

●奇妙な論理②　海外ボランティアと憲法九条

憲法九条に関しても、内田氏は奇妙な理屈を展開している。まず、自分の息子がアルバイトで貯めたお金を使って、カンボジアにボランティア旅行に行く意味がわからないという読者の質問に、内田氏は、今日の若者にあっては、そうしたボランティア活動はごく自然なことで、そういう活動をする若者が多い、と答える。ここまでは別に何の問題もない。しかし、その後、突如、憲法九条を礼賛し始めるのだ。

「日本人ボランティアの無防備さを担保しているのは、実は憲法九条なんです」

（前掲書、五八頁）

日本人が海外の危険な地域に行って、ボランティア活動に従事しても安全でいられるのは、憲法九条があるからだというのだ。

もし日本が侵略国家であり、どこかの国を侵略していたならば、その地域で日本人が襲撃される可能性があるのは理解できる。だが、そうではないし、日本人が戦争をしないのは、憲法九条があるからだけでもない。まるで憲法九条が変われば、直ちに侵略主義的な政策を採るというのは、非常に短絡的な発想である。野蛮で好戦的な日本国民を抑えているのが憲法九条だという理解は、極めて自虐的な理解というより他ない。

しかし、内田氏はさらに想像を逞しゅうする。

「メディアがボランティアのことを言いたがらないのは、もしかすると『なんだ、憲法9条って役に立っているじゃないか』という世論が形成されて、『改憲』の勢いが殺がれることを警戒しているからじゃないですか」

（前掲書、五八頁）

これは残念ながら奇妙な思い込みとしか表現できない。内田氏の目からするとメディアは「改憲」の勢いを殺がぬように報道しているらしいが、私から見れば、ほとんどのメディアが「改憲」を危険視し、「護憲」の重要性を説いている。テレビのコメンテーターの多くは、安倍政権に批判的であり、改憲に対して危機感を煽るような発言を繰り返している。

そして内田氏の、驚き且つ、呆れるより他ない説明は更にエスカレートしていく。

●奇妙な論理③　安倍総理の「高校生デビュー」

内田氏は安倍政権、そして安倍晋三総理個人が相当嫌いなようで、批判を繰り返している。政権に対する批判は、民主主義社会の重要な要素であるから、そのこと自体に問題は全くないが、その批判が余りに現実離れし、過激で極論じみている点は、批判せざるをえない。

内田氏によれば、安倍総理の姿勢は不良の「高校生デビュー」に似ているという。

「安倍さんは今『高校生デビュー』の全能感に酔い痴れていると思います」

（前掲書、三〇八頁）

「高校生デビュー」とは、中学生から高校生になり、不良となった高校生の行為をさしている。中学校を卒業して、高校に入ってすぐに不良となった高校生が、肩怒らせて、唾を吐きながら歩いたら、街の市民たちがそうした姿を恐れて、道をあけてくれる。彼が実際に恐ろしい実力を持ち合わせているわけではないが、必要以上に強がり、街の市民を怯えさせることを喜ぶ。そうした高校生の心理に似ているのが安倍総理なのだというのである。

さらに、内田氏によれば、安倍総理は自分の理想の実現を妨害するものを「邪悪なもの」と決めつけるという。そして、その安倍総理にとっての「夢の実現を妨げる邪悪なもの」が、「人権思想」と「民主制」なのだと説く。要するに、基本的人権の擁護された自由民主主義社会の破壊こそが安倍総理の夢だというわけだ。そして、経済的には豊かだが、政治的な自由の欠落したシンガポールのような国家を作り上げようとしているのが安倍総理だというのだ。

一体、どこで安倍総理がそのようなことを主張しているのだろうか。当然のことだが、安倍総理は、自由民主党の総裁でもあるが、自民党の立党宣言には次のように明記されている。

「われら立党の政治理念は、第一に、ひたすら議会民主政治の大道を歩むにある。従ってわれらは、暴力と破壊、革命と独裁を政治手段とするすべての勢力又は思想をあくまで排撃する。第二に、個人の自由と人格の尊厳を社会秩序の基本的条件となす。故に、権力による専制と階級主義に反対する」

「議会制民主主義の擁護」と明記してあるのだから、民主制を擁護しているのは明らかだろう。

また、「人権」という言葉こそ用いてはいないものの「個人の自由と人格の尊厳」を高らかに謳いあげている。安倍総理が「人権思想」と「民主制」を悪しきものと捉え、破壊しようとしていると非難するのは、無理があるだろう。

いうまでもないが、安倍政権を誕生させたのは日本国民であり、国民の支持が安倍政権の維持に繋がっている。仮に内田氏の説くように安倍総理が非常に危険な政治家だとするならば、その政権を支えている日本国民はどのような存在となるのだろうか。不良じみていて、自由民主主義社会を破壊しようとする政治家を支持している人々とは、一体どのような人々ということになるのだろうか。

●奇妙な論理④　北朝鮮に憧れる安倍支持者

ここで内田氏は更に驚くような説明を展開し始める。安倍政権の支持者とは、「北朝鮮」のような国に憧れを抱いており、日本を北朝鮮のような国家に変革したいと望む人々なのだと言うのだ。

少し長いが、重要な箇所なので、引用しておこう。

「国内では個人崇拝、独裁、反対派は粛清。民衆が飢えても、軍隊は核武装。偽札は刷る、麻薬もミサイルも売る。この北朝鮮の『けっ。怖いもんなんかねーよ』というヤンキーなスタイルに魅了されている日本人は意外に多いのではないかと思います。日本も『ああいうふうにすればいいのに』とひそかに思っている人たちが安倍政権を支持しているのだと僕は思います」

（前掲書、三〇六頁）

いくら安倍総理に嫌悪感を抱き、その支持者のことを軽蔑していようとも、これは中傷というものだろう。事実、私は、安倍政権に対して好意的な見解を抱く一人だが、日本を北朝鮮のような全体主義国家にしようなどと夢想したことすらない。他国を威嚇するためにミサイルを発射し、国内では粛清に次ぐ粛清を繰り返す。さらに言えば、無辜の他国民を拉致するような国家ですらある。内田氏の説明に従えば、こうした恐ろしい国家体制を夢想する人間が安倍総理の支持者の中に存在するというのだが、これは言いがかりというものではないだろうか。

内田氏によれば、戦後日本が掲げてきた憲法九条の平和主義というものは、「３学期の学級委員的」だったという。模範的なことをいうが、腕力のない優等生だったということらしい。そうした優等生のような言説に飽き飽きした人々が安倍政権を支えているというのだ。

内田氏はこうも言っている。

「世界中から嫌われ、恐れられる国になりたい。そう思っている人たちが今安倍さんを支えている」

（前掲書、三二〇頁）

内田氏の周辺に、そういう奇特な人物が存在したのかもしれないが、私の周りで安倍内閣を支持している人々は、日本が少しでもほかの国から評価される国になってほしいと願う人々ばかりであり、日本を北朝鮮のような国家にしてみたいと考えている人は誰もいない。内田氏の非難は、日本の民主主義を心から軽蔑し、日本国民を愚民だと呼んでいるに等しいが、そういう愚かな人々はほとんど存在していないはずだ。存在しない人々を夢想して非難する姿は、藁人形を木に括り付け、丑の刻に五寸釘を打ち込んでいる姿を彷彿とさせ、いささか不気味ですらある。

ガラパゴス左翼批判④　白井聡氏の解剖

●白井氏の罵詈雑言と過激な主張

「インポ・マッチョというのがいちばん性質が悪い。自分がインポであるということを何がなんでも否定する」

（『日本戦後史論』徳間書店、二〇一四頁）

「安倍さんの憲法に関する最近の発言を見ていて気持ち悪いのは、憲法が大嫌いなくせに褒めることです。…（略）…これは憲法に対するレイプですよ。なんでそういうレイプをしたいのかというと、憲法はアメリカの置き土産なわけですから、アメリカの分身ですよね。そのアメリカの分身をアメリカの命令によってレイプするという奇妙奇天烈な状況にある」

（前掲書、二〇五頁）

「世界最強の軍隊の活動に自衛隊を差し出せば世界最強軍団の一部になれるってわけです。これはつまり、アメリカというバイアグラを飲んで無理矢理勃たせるということです」

（前掲書、二〇五頁）

まっとうな批判というよりも罵詈雑言というべき発言の数々だが、これらは全て白井聡氏の安倍内閣への非難である。

アメリカ製の憲法によって、交戦権を否定された日本政府が、集団的自衛権の一部行使容認に踏み切ったことへの非難である。戦争への不参加を性的不能になぞらえ、そうした中でアメリカの圧力（＝バイアグラ）によって、アメリカが作った憲法の精神を蹂躙（＝レイプ）しているというのだ。

余りに下品な表現に驚かされるが、さらに驚かされるのは、白井氏のその過激な主張である。『永続敗戦論』（太田出版）と題する著作の中で、白井氏は次のような主張を展開する。

日本の「戦後レジーム」、すなわち自由と民主主義体制とは、アメリカによって強制された体制に他ならず、その本質はアメリカへの追従と、大東亜戦争の敗戦の事実の隠蔽でしかない。主権国家としてアメリカは自国の利益に都合のいいように日本を改造しただけであり、自由も民主主義も偽装されたものにすぎない。現在に至るまで無責任に日本を戦争に追いやった者たち、そしてその末裔が、敗戦の事実を隠蔽し、アメリカにおもねり続けている。すなわちアメリカに対する敗戦状態が続いている。そして、その為政者たちの無責任な体質は、現在に至るまで一向に変わらない。福島の原発事故に対する余りに無責任な対応は、そうした「永続敗戦」構造の一端を露呈させるものであった。

また、こうした「永続敗戦」状態にある日本では、あらゆる犠牲が空疎な犬死になってしまう。何故なら、責任を取るべき人々が責任を取らない社会において、犠牲を求める資格のある人物など存在しないからだ。

「膨大な犠牲者を出したうえに敗け戦に終わったことの責任をとらないばかりか、直近の敵国に取り入り、この敵国の軍隊が駐留することを進んで促してまで自己保身を図った人物（＝昭和天皇）と、それの取り巻きとなることで権力を維持してきた連中とその末裔が要求する犠牲は、犬死であるほかないとあらかじめ運命づけられている」

（『永続敗戦論』太田出版、一七四頁。カッコ内引用者）

こうした永続敗戦の状況を打破するために、白井氏はわれわれの「知的および倫理的な怠惰を燃料としている」「怪物的機械」としての「国体」を「内側からわれわれが破壊する」べきであると結論付けている。

漸進的《ぜんしんてき》な改革ではなく、体制そのものを根底から覆す革命へ。これは、まさに白井氏が憧憬し、その研究対象とするレーニンの過激な思想を現在の日本に蘇らせたものに他ならないだろう。この過激な結論を述べた第三章の最後の小見出し「何をなすべきか」が、レーニンの過激な著作のタイトルと同じなのは偶然ではあるまい。冒頭で引用した幾つかの極端な表現を引用したが、そういえば、レーニンも論敵に対して、過激な言説で攻撃したことで知られている。

●白井氏が憧れるレーニン

レーニン。

いうまでもなく、史上初めて共産主義国家を建設した男だ。この男について、調べれば、調べるほど、私は恐怖の念が湧いて来るのだが、多くの日本国民は彼の思想の恐ろしさについてあまり認識していないように思われる。

共産主義国家ソヴィエトは、残酷な全体主義国家として、国民を抑圧し、弾圧した。その多くの犯罪に関して、我々は「スターリン主義」による犯罪だと呼んできた。

確かに、スターリンが許しがたい犯罪行為に手を染めた事実を否定することはできない。ノーマン・マイネッケは『スターリンのジェノサイド』（みすず書房）の中でスターリンの犯罪をジェノサイドとして告発している。スターリンは自らに逆らう富農を家族もろとも「人民の敵」として殺戮し、敵対的な民族に対して人工的に飢餓状態を作りだし殺した。また、党内の不満分子に関しても大粛清を行った。

スターリンは次のような言葉を遺している。

「わたしの最大の楽しみは犠牲者を選び、緻密に計画して、容赦ない復讐を果たし、それからベッドに行くことだ。この世でこれにまさる快感はない」

大量殺戮を愉しむスターリンの残虐な性格を表徴する言葉だといってよいだろう。だが、こうしたスターリンの残虐な性格が強調されることによって、一つの重要な事実が隠されていく。それは、ソ連における犯罪はスターリンの個人的な思い付きや気まぐれによって引き起こされた犯罪ではなく、全体主義国家の宿命的犯罪であったという事実だ。そして、その全体主義体制を構築したのがレーニンであり、レーニンの思想であった。レーニンが存在しなければ、ソ連は存在せず、スターリンもまた存在しなかった。全体主義国家ソ連とは、建国者レーニンの政治思想に基いて建設された国家であり、スターリンは、レーニンの後継者に過ぎない。

多くの革命家がマルクス主義に魅了されたが、実は、マルクス主義には革命家にとって致命的な欠陥があった。それは、共産主義革命が具体的に、いつ、どのような場所で起こるのか、あるいは、いつ、どのような場所で労働者が蜂起すべきなのかがマルクスの著作に明示されていないという点である。要するに、革命の時期が不明確なのだ。

下部構造が上部構造を規定するという史的唯物論を純粋に継承する立場に立てば、下部構造の変化と共に革命意識が醸成されてくるはずだ。従って、労働者たちは、革命の時節が到来するのを待機していればよいということになるだろう。

だが、本当に革命の時節を待機しているだけで革命は成就するのか。

この点においてレーニンはマルクスの史的唯物論の枠組みを乗り越えて独自の革命論を展開する。「革命を実行する客観的な条件とは何か」という問いに対するレーニンの解答は極めて独自な解釈だ。白井氏はレーニンの解釈を次のように説明しているが、秀逸な説明だといってよい。

「客観的なものは現実に対する判断に供される批判的な尺度としてすでに準備された出来合いのものではなく、革命によってはじめて開示され、獲得される何物かである」

（白井聡『「物質」の蜂起を目指して――レーニン、「力」の思想』作品社、一二〇頁）

こうした「客観概念」に、白井氏は他の革命思想家との違い、独創性を見出しているが、この解釈は面白い。

簡単に説明すれば、革命の時期、蜂起の条件は客観的に記述できない。流動する情勢の中で、革命の時期を見定め、蜂起することによってはじめて、客観的な条件が明らかにされるということだ。端的に言えば、はじめてみなければわからない――。

何と出鱈目《でたらめ》な説明だと思われる方も多かろうが、マルクス主義者として、史的唯物論の無謬性を前提としながら、革命家としてのリアリズムを表現するとしたら、このような表現に行きつくほかないのであろう。

管見に従えば、マルクス主義がレーニンに継承されマルクス・レーニン主義へと変化しない限りロシア革命は勃発しなかったはずである。純然たる分析、理論が綴られたマルクスの著作は、革命への意欲を湧き立て、共産主義への夢を膨らませ、自らの正しさを確信させることは可能であっても、革命を具体的に実現するために決定的な必要な「力」の思想が欠けていた。マルクス主義はレーニンの尋常ならざる「力」の思想と邂逅して、初めて現実を動かした。

大著『共産主義の主要な潮流』を著したレシェク・コワコフスキは革命家としてのレーニンを次のように描写している。

「レーニンにとって哲学的問いはそれ自身では無意味であり、単に政治的闘争の兵器でしかなかった。芸術も、文化も、法律も制度も、民主的価値も宗教的観念も」

（コワコフスキ『共産主義の主要な潮流』ノートン、六六三頁）

全てを革命のために捧げた男、それがレーニンであり、全てを革命のための闘争の手段と転化する男、それがレーニンなのだ。

●「前衛」の理論書『何をなすべきか』

そんな革命家レーニンが著した恐るべき書物が『何をなすべきか』だ。彼は、この著作においてレーニン主義と呼ぶべき思想を披瀝している。

レーニンはこの書物の中で二つの派閥を執拗に攻撃している。一つは「テロリスト」であり、もう一つは「経済主義者」である。

レーニンがテロリストを批判するのは、勿論、人命尊重などという人道的な理由からではない。彼にとって全ては革命のための道具であり、人命尊重などという綺麗ごとには無関心だった。レーニンが冒険主義的なテロリストたちを攻撃するのは、彼らは自己犠牲に酔い痴れ、革命を成就することよりも、自己犠牲そのものを尊ぶからである。彼らには労働者とともに革命を実現する意志がないのだ。革命の実現を絶対視するレーニンからすれば、彼らの行為は、無意味な感傷に過ぎない。

もう一つの「経済主義者」に関しては、少し詳しく説明する必要があるだろう。ここでの「経済主義者」は、いわゆるエコノミストを意味していない。

穏健で現実的な社会変革を目指す一群の人々をレーニンは「経済主義者」と名付け、激しく批判しているのだ。

労働条件の改善、賃金の上昇を目指して、労働者がより生活しやすくできるように努力する人々をレーニンは痛切に批判する。

何故、レーニンは彼らを批判するのか。それは、こうした「経済主義者」の活動により、労働者は、自分たちの慎ましやかな生活に満足し、革命への意識を喪失してしまうからだ。本来、革命に向かうべき労働者が現状に満足してしまうことがあってはならないというのがレーニンの批判の核心だ。労働者たちの自然発生的な労働運動が必然的にブルジョワ意識を有しているとレーニンが指摘した点を、コワコフスキはレーニン主義の新しさだと強調している（前掲書、六六七頁）。

そして、レーニンは人民、労働者を導く「前衛」としての「党」の重要性を説く。

労働者はそのまま放置しておいても、ブルジョワ意識に囚われており、革命への意識が芽生えることはない。従って、人々の革命意識を芽生えさせる知識人が前衛として労働者を指導しなければならないというのだ。

マルクス主義に基づいた革命によってのみ、労働者の最善の状況が出現する。だが、この事実を労働者は気づくこともできない。そして、労働者の環境改善を目指しているかにみえる労働運動は、ブルジョワ意識によって為されているので、真の革命運動とはなりえない。正しくマルクス主義を理解した前衛の指導の下でのみ、革命運動が展開されるのだ。

従って、前衛としての「党」は労働者個々人が何を考え、感じていようとも、そのような個人的見解に惑わされることなく、正しいマルクス主義の理論に従って、労働者の為すべきことを指令しなければならない。繰り返しになるが、個々の労働者はブルジョワ意識に囚われており、本来、為すべきことを理解できないからだ。党は全ての労働者の見解に反してでも、マルクス主義理論を正しく解釈し、労働者の進むべき道筋を決定することができるし、そうしなければならない。労働者は、自らのブルジョワ意識に囚われた偏見を捨て、党の指令の下でのみ、正しく革命運動に参加することができるのだ。

革命は前衛たる党の導きによって、必然的に生じる。経済主義者のように、革命を待ち望むのでもなく、テロリストのように闇雲に攻撃を仕掛けるのでもなく、前衛が労働者を指導する。

白井氏は、この前衛と革命の関与について次のように指摘している。

「前衛たることとは、主体が、必然的な自然発生性の向かう道を、跳躍としての投企によって、その先端において開示することであり、その結果として、客観的なものとしての『歴史』の必然性を促進し、客観的なものをそれ自身によって客観的なものとして出現させる」

（前掲書、五四頁）

前衛たる知識人、党が、労働者を指導するというレーニン主義の核心は、人々の自由を思想的正しさの名の下で簒奪するところにある。徹底して自由を排除する思想、それがレーニン主義なのだ。

例えば、レーニンは次のように述べている。

「自分の手で新しい科学を前進させたと真に確信している人なら、古い見解とならんで新しい見解を出す自由ではなく、古い見解を新しい見解でおきかえることを要求するはずである」

（「なにをなすべきか？」『レーニン全集　第五巻』三七一頁）

様々な解釈を容認する思想の自由ではなく、ただ一つの正しい解釈を認識すべきだと考えるところに、レーニン主義の特徴があるといってよいだろう。

確かに、労働者に対して、一つの力強い指針を与え、解釈の自由を与えず、強固な結束を強要するのだから、こうした集団が「力」を持つ可能性は否定できない。だが、異論を排除するこうしたレーニンの前衛党思想が独裁を招くのは当然といってよかろう。

マルクス主義革命の実現を至上命題とする考え方をレイモン・アロンは、「理念的解放」と呼んだ。全ての事柄がマルクス主義革命によってのみ劇的に変化するという「革命」信仰を揶揄したのだ。アロンは実際に労働環境等の改善を目指す、いわば「経済主義」的改革を「現実的解放」と呼び、何故、この「現実的解放」で満足できないのかを問うた。

革命熱に冒されることのない冷静で慧眼《けいがん》のアロンは、「現実的解放」を支持し、「理念的解放」は「ひとをかつぐわるふざけにすぎない」と批判した（『知識人とマルキシズム』）。「革命」という言葉に拘らず、漸進的に人々が暮らしやすい社会を実現していけばよいではないかという、極めて真っ当な指摘だった。

●レーニンを讃える白井氏

現実を漸進的に改革していくのではなく、過去に積み上げられてきた全てを否定して外部へ跳びだそうとする「革命」の思想。ソ連の終焉とともにこうした「革命」の思想もまた終焉を迎えたかに思われた。だが、白井氏は今こそレーニンを読み返すべきだという。リベラル・デモクラシーが地球上を覆い、この体制の〈外部〉としての社会主義が存在しなくなった現在、改めて〈外部〉を検討する必要性があるという。

確かに、レーニンについて検討することは重要な作業かも知れないが、私は基本的に白井氏とは全く別の立場で臨む。彼はレーニンの魅力について次のように述べている。

「レーニンの面白さ、魅力はどこにあるのだろうということをあらためて考えてみると、やはり大前提として『彼はことをなした人物である』という圧倒的な事実があると思います」

（前掲書、一九九頁）

レーニンが「ことをなした」のは事実だ。彼は恐るべき全体主義国家を建設した。過去、誰も為し得なかったことを実現した。だが、それはヒトラーについても同じことがいえるはずだ。歪んだ人種主義に基づいて、ユダヤ人を次々と殺戮する全体主義国家。ナチス・ドイツも過去には存在し得なかった国家だった。「ことをなした」のは事実だが、それは二度と繰り返すべきではないことなのではないのか。少なくとも、私がレーニンを読むのは、二〇世紀、全体主義の悲劇を二度と繰り返さぬため、戒めとして、これらのテキストを読み込む。

共産主義思想は、全世界で一億人近くの人々を殺戮した。理想や理念が人を殺すという現実を直視すべきだろう。

どうも白井氏は、思想や観念がもたらす大量殺戮に関して無頓着に過ぎるように思われてならない。例えば、共産主義思想による犠牲者数に関して、次のように述べている。

「今日声高に主張されている（共産主義）断罪の言説の多くが拠って立つ根拠は、それに関して何人の人が死んだか、その犠牲者はナチズムによるそれよりも統計的に多かった、ということ以上のものではない」

（白井聡『未完のレーニン』講談社、一二三〇頁。カッコ内引用者）

多くの人々がイデオロギーの犠牲となった。ナショナリズムにせよ、ナチズムにせよ、共産主義にせよ、政治的なイデオロギーは、正義の名の下に人を殺戮する。他者の存在そのものを絶対的な悪と断罪する。我々はイデオロギーから逃れることはできないであろうし、理念を捨て去るべきでもない。だが、それはつねに狂気や凶器となりうるという自覚が伴わなければならないだろう。

白井氏はレーニンの思想を「〈外部〉が消滅したかに見える瞬間に〈外部〉を切り拓く〈力の思想〉」と名付けている。これは的確な表現といってよいだろう。だが、こうした力の思想によって、無理矢理造りだされた〈外部〉が、今我々が住む〈内部〉より優れている保証は何も存在しない。大量殺戮を繰り返した二〇世紀の教訓とは、力によって理想的な〈外部〉を造りだそうという営みが、悲劇的な〈外部〉の構築へと進まざるを得なかったという事実に目を向けることではないか。

我々に求められているのは全く新しい〈外部〉ではなく、〈内部〉を漸進的に改革する緩やかな力の思想であるはずだ。

白井氏が指摘するように、現状の日本には批判されるべき点が多い。この点に関しては、問題意識を共有できる点もある。だが、その問題の解決は、レーニン流の全てを破壊し尽くし、新しい〈外部〉をもとめる革命ではなく、漸進的な改革によるものでなければならない。

安倍政権を批判する人々は、安倍政権をファシズム的、全体主義的だという。言論弾圧しているわけでもなく、強制収容所を稼働させているわけでもない安倍政権を全体主義的であると表現する根拠が私にはわからない。だが、安倍政権を痛烈に批判する「リベラル」の一部には未だにボリシェビキ的な人々が存在するのは明らかなようだ。悩ましい問題だと思う。

第3章　「リベラル」政党の野合と欺瞞

日本政治の元凶としての「リベラル」

●大衆の自覚なき変節

色見えでうつろふものは世の中の人の心の花にぞありける

『古今和歌集』で小野小町が歌ったのは、恋心のうつろいやすさだろうが、恋心に限らず、人の心はまことにうつろいやすいものである。とりわけ政治の世界における大衆の変わり身の早さは、稀代の変節漢をして驚愕せしめるほどのものだ。大衆が一人の変節漢以上に恐ろしいのは、変節それ自身に罪の意識を全く感じない集団でもあるからだ。残念ながら、自分たち自身が変節したという自覚そのものが欠落しているのが大衆というものなのだろう。

大衆の変わり身の早さを巧みに描き出した作品といえば、シェークスピアの『ジュリアス・シーザー』に勝る傑作はない。本作品の主人公は、シーザーを暗殺したブルータスであり、シーザーを慕うアントニーである。

共和制ローマにおいて、皇帝が出現する事態は、「国体」を揺るがしかねない国家の危機であった。祖国を憂うるブルータスは、個人的に世話になったシーザーの暗殺を決意し、見事、成功する。暗殺の直後、ブルータスは市民たちに向かい、帝位への野心を抱くシーザー殺害の意義について説いた。

「おれはシーザーを愛さぬのではなく、ローマを愛したのである。私を愛してくれたシーザーを想えば、私は涙を禁じ得ない。…（略）…が、野心に身を委ねたシーザーを見出したとき、私はそれを刺したのだ。シーザーの愛には涙を、幸運には喜びを、勇気には尊敬を、そして野心には死あるのみ」

ブルータスの熱誠溢れる憂国の弁を聴いた市民たちは口々にシーザーを罵り、ブルータスを讃える。

「みんな、喜び勇んでブルータスを家まで送っていくのだ」

「ブルータスの像を造れ」

「俺たちのシーザーになってもらおう」

この後、シーザーの側近であったアントニーが追悼の演説を行う。

アントニーはシーザーには野心などなく、彼ほど貧しき人々のために涙をながした心優しき人はいなかったと指摘し、シーザーのために涙をこぼす。そして、シーザーの遺言状を持参したといい、シーザーの遺体に駆け寄る。遺体となったシーザーの身体の傷を見つめながら、愛したブルータスの凶刃に倒れたシーザーの悲惨さを強調する。興味深いのは、アントニーが理を以て人々を説得するのではなく、大衆の情に訴えかけているところである。シーザーが善い人であり、愛したブルータスに裏切られて可哀そうだというだけの話で、祖国ローマの命運については言及していない。

アントニーの涙を誘う訴えを聞いた市民たちは口々に喚きだす。

「仇を討て！　すぐにも！　敵を捜しだせ！　焼き討ちだ！　火をつけろ！　殺してしまえ！　叩き殺すのだ！　謀反人どもは一人も生かしておくな！」

さらにアントニーがシーザーが市民たち一人ひとりに金を支給せよと遺言していたことを伝えると市民たちの憤激は爆発し、英雄であったはずのブルータスは反逆者として、逃亡を余儀なくされるという憂き目にあう。祖国を守ろうと試みたブルータスは追われ、大衆の情に訴えたアントニーが勝利を収める。

シェークスピアが描き出した市民の姿とは、まさに、風のまにまに漂う今日の大衆の姿そのものである。

●希望の党の躍進と凋落――政治と「排除の論理」

小池百合子東京都知事が希望の党を立ち上げると、我が国の大衆は一斉に歓喜の声をあげた。小池氏率いる希望の党によって政権交代がなされるのではないかとの憶測も出て、その瞬間において、小池総理の誕生は果しえぬ夢物語とは思われなかった。民進党の前原誠司代表が、自身の率いる政党からの公認を認めず、小池氏の軍門に下るという日本政治史に残るであろう奇策に打って出ると、小池総理誕生の現実味は増した。

だが、それは今や遠い昔の夢物語となった。先の総選挙では、公示後に凄まじい逆風が吹いた。ターニング・ポイントとなったのが、民進党を吸収合併する際の「排除」だ。希望の党の候補者の選定に関して、小池氏が民進党のすべての政治家を受け入れる気持ちは「サラサラない」といい、一部の左派政治家を「排除」することを宣言すると、民進党の左派を中心に批判の声があがった。集団的自衛権の行使容認に踏み切った安保法制を受け入れること、憲法改正に前向きであることが「踏み絵」の条件とされると、彼女を持ち上げてきたマスメディアも彼女に対して包囲網を張り始めた。

小池氏は、石原慎太郎氏をはじめ、「巨悪」としての「敵」を作り出し、そうした「巨悪」と闘う斬新で、改革派の政治家であるという印象を持たせてきた。具体的な実績よりも、印象操作によって数々の勝利を手にしてきた。その小池氏自らが、「敵」となった瞬間だった。

「排除」発言について、希望の党の玄葉光一郎氏は「(排除)発言がなければ、希望の党は二〇〇議席に迫る勢いだ」と悔しがり、民進党の前代表であった蓮舫氏は「排除するという言葉に耳を疑った」と非難した。

小池氏が政界入りする契機となった日本新党の代表を務めた細川護熙氏も小池氏の「排除の論理」を痛切に批判した。

「同志として小池氏を手助けしたいと考えてきたが、排除の論理を振り回し、戸惑っている。公認するのに踏み絵を踏ませるというのはなんともこざかしいやり方で『寛容な保守』の看板が泣く」

確かに世論の動向を眺めれば、「排除の論理」を批判する彼らの意見が一見、正論であるかのように思われる。だが、これは「政党」とは何かを無視した奇妙で滑稽な批判と言わざるを得ない。何故なら、政党にはそれぞれ政治理念や個性があるからだ。それぞれの政党の政治理念や個性を受け入れることができない政治家を政党が認めることは、政党の自滅に他ならないだろう。もし、そうすれば、何のための政党なのかが不明になり、やがて分裂し、ついには瓦解する。

もちろん、政党の政治理念や個性は複雑で幅が広いものであり、例えば、自民党でも様々な見解をもった政治家が存在し、それが自民党の懐の深さとなっている。だが、かつての民進党を振り返ってみると、懐が深いというよりも、統一感なく分裂しているだけの状況のようにしかみえなかった。

近代議会主義における政党の役割について、鋭く分析したのがエドマンド・バークだった。バークは『現代の不満について』と題した著作で、「政党」の役割を擁護したのだが、その際、政党とは何かについて具体的に論じている。

「政党とは、その連帯した努力により彼ら全員の間で一致している或る特定の原理にもとづいて、国家利益の促進のために統合する人間集団のことである」

（『エドマンド・バーク著作集第一巻　現代の不満の原因』みすず書房、二七五頁）

バークに従えば、政党とは、無原則な野合集団ではなく、所属する政治家全てが共有する政治原則がなければならない。無論、その政治原則とは、政治家にとっての私利私欲のためのものではなく、国益を追求するための政治原則だ。

さらにバークは、異なる政治原理を同一政党に持ち込むことに反対し、次のように喝破した。

「政党結成の基礎となるべきこの一般原理、その適用にあたっては必然的に全員の一致協力を要請するこの原理に、彼が協力できないというのならば彼は始めから別の、彼の見解にもっと適合した党派を選択すべきであったのである」

（前掲書、二七六頁）

小池氏が憲法改正や安全保障の問題に強くこだわるのは、政治原則を無視したうえでの「野合」によって、ときの政権を打倒することは可能になっても、その後の党運営が不可能になるという当たり前の現実を踏まえたものだっただろう。選挙協力はするが、それによって政権を倒しても連立内閣を組めない、などという面妖な民・共共闘は、誠実さに欠けていたのである。論点を明確にしながら、「連携」「排除」を繰り返し、最終的に「妥協」に持ち込むのが政治の常だ。「排除」の否定は、政治の否定に他ならない。

だが、今、改めて、希望の党の政治家の面々を眺めてみると、まことに不思議な思いがする。「排除」が悪いのではなく、むしろ、「排除」が足りなかったのではないかと思えるのだ。昨日まで集団的自衛権の行使容認に反対し、護憲派として議論を展開していた政治家が、今日は、安保法制に賛成し、憲法改正を支持するというのだ。無論、選挙で生き残るためだろうが、あまりに醜悪だ。希望どころか絶望の念が込み上げてくるといってもよい。

彼らは政党を当選のための道具としてしか認識していないから、当選を果たしたこれからは、政党の原理原則を弊履の如くに捨て去り、時の世論の赴くままにその主張を左右させるであろう。重要なのは、自分自身が当選すること自体であり、政治理念も、政党も、そして国民ですらも、全てが当選のための手段でしかないのだ。変節を恥じず、落選を恐れるのが彼らの特徴である。

勿論、政治の世界は理念だけで動くものではありえない。虚実時あり。理想論と現実論が奇妙に交錯するのが政治の現実だ。しかしながら、一切の原理原則を有さず権力の獲得のみを目的とする政治は余りに虚しいと言わざるを得ない。

●三〇年前の虚しき政治改革——蠢いた「リベラル」

政治の虚しさについて考え始めると、我が国の戦後政治において、虚しくない時期があったのだろうかとの思いが込み上げてくる。経済的繁栄の陰で、自国を防衛するという主権国家として当然の行為を否定するかのような憲法を護持し続けてきた我が国の戦後政治には、常に虚しさがあった。

昭和の終わりから平成の初めにかけ、リクルート事件に代表される収賄事件などによって、自民党への世論の不満が高まると、日本政治は「改革」の時期を迎えた。しかし、この「改革」もまた虚しさへと収斂《しゅうれん》されていった。

平成五年、自民党経世会を分裂させた小沢一郎氏らは、野党の提出した宮澤喜一内閣の不信任案に賛成し、離党。総選挙では、自民党が比較第一党の地位を保つが、小沢氏の剛腕によって、日本新党、新生党、社会党など諸党からなる細川護熙連立内閣が成立したが、今思うに、これほど虚しい政権交代はなかった。

虚しさは総選挙前から漂い始めていた。新生・社会・公明・民社・社民連は、総選挙にあたって選挙協力の合意事項を作り上げたが、その第二項目には「外交、防衛など国の基本施策はこれまでの政策を維持する」とあった。要するに、自民党の現実的な防衛政策を維持し、非武装中立などという夢物語のような政策を「排除」するという内容で、これに社会党の久保亘副委員長が反発した。社会党の党是ともいうべき非武装中立、自衛隊違憲論を否定されたのだから、当然の反応だった。

社会党内には連立政権の拒絶も辞さないとする政治家がいるとして、久保氏は「これまでの政策を尊重する」に書き換えよと主張したが、小沢氏は「『尊重する』では政権運営できない」と拒絶し、最終的には「政策を継承する」に落ち着いた。これは、あくまで久保氏の独断であり、社会党役員会に諮《はか》らないままでの決定となった。非武装中立、自衛隊違憲論を主張してきた「リベラル」政党、社会党を抱えた非自民連立内閣は、当初より矛盾を抱え、暗雲が立ち込めていたのである。

案の定、その矛盾から非自民連立政権は崩壊することになる。細川政権は政治改革法案を可決させ、小選挙区制度を導入したが、唐突な「国民福祉税構想」と総理自らの政治資金疑惑で、八カ月で敢え無く倒れた。後を継いだ羽田孜内閣の成立直後には、連立政権を支える各政党のうち、公明党・社会党を除いた統一会派「改新」が結成された。後に公明党も合流することが決定していたので、事実上、社会党を外した会派の設立だった。社会党の政治家は激怒して連立を離脱、羽田内閣は総辞職、そして、自民党と社会党が組んだ自社さ連立政権へと至ることになる。

小沢氏らの当時の思惑について、社会党の村山富市氏は次のように回想している。

「彼らは社会党がことあるごとに政権運営の足を引っ張るから細川政権がつぶれたと考えていた。だから社会党が政権内で最も大きな会派であることを抑制しようと考えたのではないかな。それで社会党を上回る数の会派をつくって多数で運営していこうとしたんだと思う」

(『村山富市回顧録』岩波書店、一五二頁)

恐らく、村山氏の読みは正しいだろう。非武装中立や自衛隊違憲論などという主張をする「リベラル」政党が連立内閣の中で最大会派であったことは、小沢氏らにとって目障りな事実であったに違いない。現実に政治を動かそうとするならば、そうした勢力の力を削ごうと試みざるを得なかったのだろう。だが、小沢氏は大きな誤算をしていた。「リベラル」である社会党が「保守」である自民党と連立を組むなどという奇想天外な事態を想定していなかったのだ。

自民党と社会党などの自社さ連立内閣は、日本政治史上特筆すべき珍事だったが、連立の裏で動いた竹下登氏の側近、梶山静六氏はこう語っている。

「日本は社会党を中心とする社会主義政党が厳然としてあったからこそ、これほどの公平平等社会が出来あがったんですね。……（略）……社会党は自信をもって勉強をしてもらい、我々もそれを学ばねばならない」

（「わがザンゲ録」『文藝春秋』一九九四年一月号、一九五～一九六頁）

さらには、竹下登氏自らが、社会党の赤松広隆氏と対談し、次のように指摘した。

「社会党があったからこそ、世界に冠たる医療保険制度、年金制度といった社会保障制度、福祉政策の充実ができた。社会党の存在があってこそ、貧富の差をなくし、競争原理における弱肉強食をセーブして、いわゆる平等が保たれてきたのではないかという気が強くしております」

（竹下登・赤松広隆「小沢・細川君にモノ申す」『文藝春秋』一九九四年四月号）

これが自民党の政治家の発言とは誰も思えまい。どうみても社会党議員の発言としか思えないが、これは紛れもなく自民党の政治家、しかも党総裁、総理大臣まで務めた竹下登氏の発言なのである。社会党に対する讃辞を通り越して、露骨な阿諛追従《あゆついしょう》というべきで、如何なる詭弁を弄してでも、権力を掌握したいという自民党の凄まじき権力への意志を感じさせる空々しく、それでいて、生々しい言葉だ。

●自社連立という野合

結局、五五年体制で敵対し続けてきた自社勢力、すなわち「保守」「リベラル」政党は、政権奪取という目的だけで野合したのである。

この政権奪還についての小里貞利氏の回想が、雄弁にこの政変の動機を物語っている。

「社会党の委員長を自民党が首班指名することになろうとは誰が考えたであろうか。拘泥する思いを振り切ったのは、一日も早い政権復帰を願う噴き上がるような自民党議員の願いだった」

（小里貞利『秘録・永田町』講談社、六五頁）

自民党と社会党は連携して実現したい政策があったわけではない。連立に理念などなかった。ただ、権力そのものを欲していたのだ。従来、根本的な政策の不一致から、国会で応酬を繰り返してきた二つの政党が、権力の奪取という目的のためだけに、手を握り合っただけなのだ。

自社さ連立政権の村山富市総理は、参議院本会議で、自衛隊の存在は合憲なのか、違憲なのか、日米安保体制についてはどのように考えるのか厳しく迫られた際、あっけなく自衛隊は合憲であり、日米安保体制は我が国の安全のために必要だと開き直っている。「虚しさ」を覚えるどころか、呆然とさせるような答弁だった。

戦後、一貫して自衛隊を違憲と主張し、日米安保体制に反対してきた社会党は、本音では、自民党と同様の安全保障政策以外では国が守れないと認識していたのだ。社会党の政治家が語る言葉をもっとも信用していなかったのが社会党の政治家であったということであり、五五年体制における自民党と社会党の対立とは、国民を欺く偽りの茶番劇に過ぎなかったということである。

あまりに現実離れした「リベラル」な安全保障政策を声高に語り、実際に権力が掌握できるとなれば、かつての主張は弊履の如く捨て去る。ここに虚しさを覚えぬ人がいるのだろうか。本来なら、この瞬間に、五五年体制、戦後政治史とは何だったのかを根本的に問い直すべきであった。

●「リベラル」との野合の末路

あれから二〇年余り、日本の政治では似たような、理念なき野合が繰り返されている。集団的自衛権の行使容認を「違憲」だと断じ、共産党とまで連携して安倍内閣の倒閣を試みた民進党の議員たちは、小池都知事と民進党の左傾化を危惧して離党した少数の政治家が「希望の党」を立ち上げると、当選の希望を見出してこれに蝟集《いしゅう》しようと試みた。

集団的自衛権の行使容認が立憲主義に反すると主張していた政治家が、憲法改正に積極的であり、集団的自衛権の行使に関しても容認する小池都知事と手を握ったのである。まさに自民党と社会党が手を握り合ったかつての村山政権を彷彿とさせる光景ではないか。

先に述べたように、小池氏らが「排除の論理」を持ちこんだことは、「政党」というものの本質を捉えれば、批判されるべき行為ではなかった。政党には基本理念が必要だという小池氏の判断は決して誤っていない。むしろ、何の基準、原理原則も示さずに政党を立ち上げることの方が批判されるべき行為なのである。

だが、左翼・護憲派の排除が持ち出されると、それまで小池氏を持ち上げていたマスメディアは、掌を返したように小池批判を展開した。理由は単純だ。マスメディアは改憲勢力を蛇蝎の如く嫌う「リベラル」「ガラパゴス左翼」の牙城だからである。彼らはリベラルを自称するが、リベラリズムとはほとんど無関係だ。彼らの主張は憲法九条が日本の平和を維持してきたという、日本でしか通用しない「信仰」を中核とし、本来のリベラリズムとは異なる特殊日本的な〝退化〟をたどった「ガラパゴス左翼」なのである。

メディアが怒ったことで情勢は一転した。「小池劇場」の主役、小池氏は役割が入れ替わり、悪役となって連日報道されることになったのだ。テレビは大衆を左に誘い、大衆は「テレビ左翼」「テレサヨ」へと変化する。小池氏は「排除」の場面が繰り返し報道されたことで、大衆は小池氏を悪役として理解し始めた。

小池氏とは逆に、ここで一挙に主役の座に躍り出たのが立憲民主党代表の枝野幸男氏だ。希望の党に排除された彼は、集団的自衛権を踏み絵にした同党と決別し、「リベラル」の旗の下に、憲法改正を進める安倍政権を批判し、一貫してぶれない政治家であるかのように報じられ、本人もまんざらではない様子であった。

●枝野幸男氏の正体

だが、現実に過去の言動を振り返れば、枝野氏、そして、立憲民主党の政治家たちはぶれない政治家とは呼べなかった。

なぜなら、そもそも枝野氏は民進党が希望の党に吸収されることを否定していなかった。小池氏によって、自身が排除される段階になって、「立憲民主党」を立ち上げただけで、当初から、改憲派の小池氏とは手を組めぬと筋を通したわけではない。当初は、改憲派との奇妙な野合を目指す政治家の一人に過ぎなかった。

それに枝野氏は、もともと、集団的自衛権の行使容認派である。彼はかつて、憲法九条の第二項に次のような条項を加えるべきだと提案している。

「国際法規に基づき我が国の安全を守るために行動している他国の部隊に対して、急迫不正の武力攻撃がなされ、これを排除するために他に適当な手段がなく、かつ、我が国の平和と独立並びに国及び国民の安全に重大かつ明白な影響を及ぼす場合においては、必要最小限の範囲内で、当該他国と共同して、自衛権を行使することができる」

（枝野幸男「憲法九条　私ならこう変える」『文藝春秋』二〇一三年一〇月号、一二九頁）

我が国を守るために行動している他国部隊に対して攻撃がなされ、これが我が国の平和を脅かすものである場合、「他国と共同して、自衛権を行使することができる」というわけだ。要するに、限定的な集団的自衛権の行使を憲法で容認せよと主張していたのである。

確かに、彼は憲法を改正した上での集団的自衛権の行使を容認しているから、安倍総理の憲法解釈の変更による「集団的自衛権の行使容認」に反対するのは、まだ理屈が通っているとはいえる。しかし、彼は安倍政権に対して、次のような批判もしている。

「集団的自衛権を積極行使するようになれば、必然的に徴兵制にいかざるを得ないと思う」

（『朝日新聞』二〇一四年五月一八日付）

極めて限定的な集団的自衛権の行使を容認しただけの安倍政権を「必然的に徴兵制にいかざるを得ない」というのならば、枝野氏の言うように憲法改正で限定的に集団的自衛権を認めても、「必然的に徴兵制にいかざるを得ない」ことになるはずだ。

枝野氏は、安倍総理が提案している憲法九条に第三項を加え、自衛隊を憲法に明記する案に対しても反対しているが、憲法に自衛権の行使を書き加えよという、彼自身のかつての主張はどこに消えて行ってしまったのだろうか。結局のところ、マスメディア、「リベラル」受けを狙って発言しているだけの虚しい政治家なのである。

枝野氏は「まっとうな政治を取り戻す」という。だが、取り戻すべきまっとうな政治とは、いつの政治を意味しているのだろうか。立憲民主党の面々を眺めると、東日本大震災で右往左往していた菅内閣を支えていた政治家の多さに気づく。よもや、菅内閣の政治こそが「まっとうな政治」と主張するのではあるまい。あれは日本国民にとって「暗黒の日々」であった。

小池氏が主義主張によって政党の姿勢を明確にさせようとしたことは、数少ない彼女の政治家としての功績であった。だが、結局彼女も、マスメディアに擁護されるガラパゴス左翼たちを一掃することができなかった。彼らは改憲勢力が圧勝したにもかかわらず、まるで立憲民主党が勝利したかのような報道を繰り返している。「敗北」を「勝利」と報じる様は、戦時下の大本営発表を思わせる。日本政治には今も変わらず「虚しさ」が漂っている。

リベラルな保守主義の可能性

●リベラルと保守は必ずしも対立しない

現代日本の政治状況を政治思想の観点から眺めると、まことに奇妙な光景が展開されていることに驚かされる。お互いに批判しあう与野党のほとんどが「保守」を自称しているのである。具体的には、自民党、希望の党、立憲民主党のそれぞれが「保守」を掲げている。

自民党が、保守政党であることは周知の通りだ。希望の党は、自らの政党の理念を「社会の分断を包摂する、寛容な改革保守政党を目指す」としている。安全保障政策において非現実的な主張を繰り返した民進党左派を「排除」し、保守政党の覚悟を示した。

問題は、立憲民主党である。

驚く方も多かろうが、立憲民主党の枝野幸男代表は自らを「保守」と位置付けている。枝野氏は自分自身が「保守」「リベラル保守」であるとの主張をかねてより繰り返しているのだ。この「リベラル保守」という些か奇怪な保守について考えてみたい。

実は、私自身、かねてより「リベラルな保守主義者」であると自称してきた。私も枝野氏と同様に必ずしも、リベラルと保守主義が水と油のように対立する概念であるとは考えていない。まずは私の考える「リベラルな保守主義」について簡単に紹介し、枝野氏の提唱する「リベラルな保守」について考察してみたい。

私はかねてより保守主義に親和性を覚える一人であったが、様々なリベラルの思想家の著作、保守派の思想家の著作を読み解き、両者を全面的に対立する概念と捉えることに違和感を抱きはじめた。現実的なリベラルと寛容の精神を抱いた保守主義とでは、かなりの程度に重なりあう部分があると感じ始めたのである。そうした折、偶然、レオ・シュトラウスの次の指摘に出会った。

「よく節度をわきまえた自由主義者は、よく節度をわきまえた保守主義者と区別しがたいであろう」

（レオ・シュトラウス『リベラリズム　古代と近代』ⅳ頁）

リベラルと保守主義とは必ずしも対立しあう概念ではなく、知的で冷静なリベラルは知的で冷静な保守主義と見分けがつかぬほど似通っている。私はシュトラウスの指摘を首肯するばかりではなく、さらに一歩進めてみたいと考えた。リベラルと保守主義を架橋することによって、「リベラルな保守主義」が成立できるのではないかと考えたのである。

リベラルと保守主義とを架橋する際、それぞれの定義が重要となってくる。リベラルにしても保守主義にしても、これ自体はただの記号であり、その内実が重要だ。

なお、これから述べるリベラルとは、本書で繰り返し批判している特殊日本的な「リベラル」「ガラパゴス左翼」とは全く異なる本来のリベラルである。

●ホッブズから考えるリベラリズム

まずはリベラルの説明から始めることにしよう。

リベラルとは、多様性を擁護し、国家が個人に対する干渉をなるべく少なくすることを前提としながら、様々なマイノリティ、弱者の権利擁護を行う思想である。

リベラリズムの淵源は、個人の自由を可能な限り最大化するべきであるとの思想だ。例えば、そうした思想家としてホッブズを挙げることができるだろう。

ホッブズは主著『リヴァイアサン』において、国家が存在する理由について根本から問い直し、国家が存在しない状況を想定した。国家だけでなく、家族、村落、宗教といったあらゆる人間の紐帯となる共同体が存在しない状況を想定し、それを「自然状態」と名づけた。勿論、自然状態は想像上の状態であり、人類がこういう状態にあったとホッブズが主張しているわけではない。

自然状態において人々は自由だ。何故なら、国家の定めた法律もなく、村落の掟もなく、宗教の戒律といった共同体が存在しない以上、個人を束縛する一切の規則が存在しないからだ。だが、その自由は人を殺す自由、他人の物を盗む自由まで含まれる過激なまでの自由だった。当然、自分が他人を殺す権利を持つ以上、他人も自分を殺す権利を持つ。

こうした「自然状態」は、「各人の各人に対する戦争」状態に他ならず、人々は平和で幸福な人生を歩むことが不可能となる。そこで闘争の原因となる完全なる自由を捨て去り、「あなたに対してなされるのを欲しないことを、他人に対してしてはならない」との極めて穏健な条件をもとに、各人の自由を制限し、危険な自由を放棄させる。ただし、自由を制限したとしても、そうした放棄したはずの自由を行使する人間が出現する可能性は否定できない。例えば、道端で人を殺す自由を放棄したとしても、実際に、道端で人を殺す人間が出てきてしまう恐れは否定できない。この際、この放棄したはずの自由を行使した人間を放置しておけば、各人が危険な自由を放棄したことにはならない。そこで、こうした放棄したはずの自由を行使してしまった人間を厳しく処罰する機関として、国家が必要となってくる。こうして人々が自らの身を守るために契約によって国家を成立させていくというのがホッブズの社会契約論である。

こうした社会契約論のどの辺りがリベラリズムと結びつくのだろうか。それは、ホッブズの描く国家の内部では、放棄したはずの自由を行使しない限り、すなわち、法律を犯さない限り、個人の生き方は自由であるという部分だ。いかなる宗教を信じようが、政治的信条を抱こうが、法律を犯さぬ限りにおいて全てが自由である。国家は、国民一人ひとりの心の内部にまで土足で入ってくることはない。この意味においてホッブズはリベラルな思想家なのである。

ただし、リベラルは、単純に自由を擁護するだけの思想ではない。何故なら、個人の自由が認められ、競争が激しくなる中で、社会的な弱者が出現してくるからだ。単純に自由を擁護する思想であれば、こうした弱者は斬り捨てられるべき対象となるだろうが、彼らも人間として尊厳を持って生きる権利がある。経済的な競争に敗れた人、障害をもって生まれた人、性的マイノリティに生まれた人、少数民族として生まれた人が、それ自身で否定されるような不寛容な社会は不健全である。個人の自由を最大限尊重すると同時に、社会の内部における弱者に対する思いやりの念を忘れずに、彼らの小さな声を、決して無視せずに政治に反映させていくこと。これが私の考える「リベラルな保守主義」のリベラルな側面である。

●エドマンド・バークと保守主義

次いで保守主義について考えてみよう。私が考える保守主義とは、奇怪な保守主義ではなく、エドマンド・バークを始祖とする正統な保守主義そのものである。

保守主義の原点は、祖国に対する愛情にある。巷間、「精神論抜きの保守主義」が議論されているが、異端である。祖国に対する愛情のないところに、保守主義は成立しない。我が国を過去・現在・将来にわたる「垂直的な共同体」であると捉える想像力こそが保守主義の核心なのだ。

エドマンド・バークは国家について次のように指摘している。

「国家は、現に生存している者の間の組合たるに止まらず、現存する者、既に逝った者、はたまた将来生を享くべき者の間の組合となります」

（エドマンド・バーク『フランス革命の省察』みすず書房、一二三頁）

我が国は今生きている我々だけのものではない。我々の父祖の血と涙によって守りぬかれ、我々に継承されたものであり、我々は尊いこの祖国を次世代によりよい形で伝えなければならないのだ。

こうした思想は、何も英米に特有の思想ではない。我が国が誇る名君、上杉鷹山は家督を譲る際、「伝国の辞」を伝授したが、その冒頭には次のようにある。

「国家は先祖より子孫へ伝え候国家にして我私すべき物にはこれなく候」

自分自身が紛れもなく祖国という「垂直的共同体」に所属しているという意識こそが保守主義の源なのである。

また、誤解されることも多いが、保守主義とは、一切の改革を排除するような固陋《ころう》な思想ではない。むしろ、改革を歓迎する思想なのだ。だが、改革の進め方は漸進的でなくてはならないと考える思想なのである。何故か。それは人間の理性とは極めて貧弱なものであり、現実は我々の思弁を必ず越えるものであるからだ。従って、全く根本から国家の制度を設計してみようと試みたり、眼前に存在する制度を根底から覆すような革命的な改革には猛烈に反対する。

バークは政治家について、次のように指摘している。

「保存しようとする気質と改善する能力とを合したものが、私にとって真の政治家の基準です。それ以外のすべては考えるだに低俗であり、実行されれば危険です」

（前掲書、一九七頁）

私の考える保守主義とは、「垂直的共同体」としての我が国を意識し、祖先から継承した祖国を時代に合わせて漸進的に改良しながら、次世代へと受け渡す覚悟を抱くこと、そして、理性、思弁を否定するものではないが、それらを過度に信用することを戒める態度を有することである。

従って、私の考える「リベラルな保守主義」とは、次のような思想を意味する。

個人の自由を最大限尊重し、国家の過度な干渉を避け、社会的な弱者の声に耳を傾けるというリベラルな姿勢を保ちながら、我が国の存在が過去から継承されたもので、これを次世代によりよい形で引き継ぐという決意を有すること。そして、改良の際には、理性を過度に信ずることなく、伝統を尊重することだ。

●枝野氏の説く「リベラル保守」

さて、枝野氏の考える「リベラル保守」について検討してみよう。

枝野氏はリベラルと保守は対立する概念ではないとして、リベラルの部分については次のように説明している。

「多様性を認めて、社会的な平等を一定程度の幅で確保するために、政治行政が役割を果たすという考え方です」

（「壊滅的にみえる「リベラル」は自民党に勝てるのか。枝野幸男氏の答えは…」『ハフポスト』二〇一七年一〇月九日）

自由についての言及が乏しく、いささか物足りないが、基本的に私の考えている「リベラル」と合致しているように思われる。

保守についても枝野氏は次のように語っている。

「歴史と伝統を重んじて急激な変化を求めない積み重ねた物を大事に、ちょっとずつ世の中を良くしていく考え方」

（同右）

祖国についての愛着の念を強調してはいないが、「歴史と伝統」を重んじ、漸進的な改革を目指すと言うのだから、全く違和感がない。

枝野氏の考える「リベラル保守」と私が考える「リベラルな保守主義」との間には、さほどの径庭はない。理論上、私は枝野氏の考え方に基本的に賛同する。極端なリベラリズム、例えば、急進的なフェミニズムに基づいて、我が国の伝統を根底から覆そうと試みる人、逆に、保守主義を飛び越え、レイシストのような口ぶりで他国を罵るような人よりも、私は「リベラル保守」を説く枝野氏に親近感を抱く。

だが、理論上、枝野氏の「リベラルな保守」に賛同する私は、現実的には、立憲民主党を支持することができない。彼らの存在が日本にとって益するとは到底思えないのだ。

●リベラルな保守主義を妨害する「リベラル」

何故、理論上「リベラルな保守主義」を提唱する私が「リベラルな保守」を自認する枝野氏の率いる政党を支持できないのか。それを説明するためには、枝野氏自身がリベラルを説明する中で言及していない、特殊日本的な「リベラル」の思考様態について言及しなければならない。我が国では、「憲法九条を守っていれば平和が維持できる」「集団的自衛権の行使容認で徴兵制がやってくる」といった、非現実主義的な「平和主義」を信奉する人々を「リベラル」と呼ぶことが多い。この人々の存在がリベラルだと思われているところに我が国の悲劇があるといっても過言ではない。

実際に、こういう人々の主張は本来、保守の思想に基づいたものでもリベラルの思想に端を発するものでもない。端的にいえば、彼らは保守でもリベラルでもなく愚かなだけである。自国が攻め込まねば他国は攻め込んでこないなどという主張には、何の論理性もない。集団的自衛権を限定的に容認すれば、徴兵制が敷かれるという主張も、あまりに極端だ。世界のいかなる国も集団的自衛権の行使が認められているが、徴兵制を敷かない国が多いのが現実だ。こうした人々は「リベラル」を自称するが、実際のところ、憲法九条擁護と非武装中立を唱えていた五五年体制における社会党の残滓ともいう人々だ。

進化なのか、退化なのかわからないが、日本列島で独自の変化を遂げた、特殊日本的な「ガラパゴス左翼」と呼ぶべき人々だ。彼らの特徴は極端に非現実的な主張であり、盲目的に憲法九条に拝跪《はいき》する様は、一種の宗教儀式を連想させるものだ。論理による説得を拒絶し、自分たちの特殊な世界観こそが絶対だと思い込む独善的な人でもある。残念ながら、立憲民主党の政治家の面々を眺めてみると、彼らは枝野氏の説く「リベラルな保守」というよりも、「ガラパゴス左翼」に近いのではないかと思わざるを得ない。

●立憲民主党は立憲主義を尊重していない

また、政党名からして、立憲民主党が重視するのは立憲主義だろう。立憲主義とは、権力の暴走を食い止めるために、憲法で権力を縛ることを意味している。権力者であっても従わねばならぬ法があるというのが、立憲主義思想の肝である。

現在の安倍晋三政権が「立憲主義を踏みにじっている」との指摘は、まったく的外れな主張と私は思うが、「立憲主義」そのものは重要だ。権力の暴走を食い止める仕掛けを作っておくことは、リベラル・デモクラシーの基礎だといってもよい。法を超越して統治するヒトラーのごとき僭主の登場は、政治制度として否定しておかねばならない。

だが、「立憲主義」を守りたいというのならば、立憲民主党が共産党と連携するのでは筋が通らないだろう。

共産党は自衛隊を「違憲の軍隊」と位置付けている。確かに、憲法九条を虚心坦懐に読み返せば、「戦力」を放棄し、「交戦権」を否定している憲法を戴きながら、日本に自衛隊が存在していることは、不思議な現実といってよい。私自身は、こういう不思議な状態がいつまでも続くことは極めて不健全と考えているから、憲法改正をすべきだと主張している。自国を守る軍隊を持つのは、国家としての最低限の条件だろう。

共産党が奇妙というか、出鱈目なのは、自衛隊を「違憲」の存在と位置付けながら、ただちに廃止しないと主張している点だ。これでは「憲法違反の存在を認めてよい」と主張していることになる。極めて危険な主張だと言わざるを得ない。自分たちの解釈次第で、憲法上「違憲」とされているものでも認めることができると説いていることになるからだ。要するに、憲法よりも共産党の判断が優先されるということだろう。まさしく「立憲主義」を根底から覆す言説だといってよい。

立憲主義を守り抜くというのであれば、憲法を形骸化するような共産党のような議論を展開するのではなく、憲法に合致した安全保障政策を立案すべきなのだ。

自民党は憲法九条の第三項に自衛隊の存在を明記せよと主張した。真っ当な主張である。これに対し、立憲民主党の枝野幸男代表は「憲法改悪」と批判した。なぜ、日本を守る自衛隊を憲法に位置付けることが憲法改悪なのか、理解に苦しむ。

そもそも、「リベラル保守」を自称する勢力が、共産主義政党と連携することは、異常なことだ。資本主義社会を根底から覆し、新たな共産主義社会を作り出すという思想は保守主義とは相容れないのは当然だが、一人ひとりの自由を奪う共産主義思想はリベラルとも相容れぬ思想だ。二〇世紀の人類の悲しい経験は、右であれ、左であれ、全体主義思想は国民、ひいては人類を塗炭の苦しみに追いやるという教訓を残した。未だに共産主義社会の実現を夢想する人々と連携した時点において、立憲民主党は保守でもリベラルでもありえない。

第4章　「リベラル」の奇怪すぎる理論

現実を直視できない「リベラル」①　憲法第九条と日本の平和

●かねてからの疑問

小学校の頃から疑問に思っていたことがある。

憲法九条があるから、日本は平和だという理屈だ。小学生の私には、全く理解できなかった。自分自身が身を守る術を持たなければ、平和ではなくなると感じるのが常識だと思ったからだ。だが、小学校でも中学校でも憲法九条の平和主義は素晴らしいと教えられた。どのように考えてみてもおかしいのだが、平和憲法があるから、日本が平和である、という奇妙な論理が当然のように語られてきた。

何故、日本が戦力を持たないから、相手が攻め込まないという因果関係が成立するのだろうか。例えば、日本を攻めてくる国など存在しないことが確実である場合、確かに日本は平和だといってよい。しかし、これは、何も平和憲法が存在するから、攻めてくる国がないのではない。攻めてくる国がないから、偶然、平和憲法を持った我が国が平和であるに過ぎない。要するに、平和憲法があるから、我が国が平和であるという因果関係を証明したことにはならない。

平和憲法があるから、日本が平和であるという因果関係を成り立たせるための理屈はありうるのだろうか。突き詰めて考えれば、こういう因果関係の可能性がありうるだろう。

日本を攻め込もうとした国家があったとき、「こういう武力を持たない日本のような国家に攻め込むのは、人の道に反するから止めておこう」、あるいは、「平和国家に攻め込むのは可哀想だからやめておこう」と相手に思ってもらえるから、日本は攻め込まれないという論理だ。すなわち、平和憲法を守っていれば、攻めかかろうとする相手の憐憫《れんびん》の情に訴えることができるから、日本は平和だということだ。あるいは、攻め込んだ場合に、他国や国際社会から、「平和国家を侵略するなど、余りに酷いことはやめよ」との声が沸き上がり、攻め込んだ相手が猛省せざるを得ないから、日本は平和だという理屈だ。

どちらも現実離れした主張のようだが、実際に社民党の福島瑞穂氏は、次のように主張している。

「９条で『世界を侵略しない』と表明している国を攻撃する国があるとは思えない。攻撃する国があれば世界中から非難される」

（『産経新聞』平成二四年八月三一日付）

確かに国際社会の世論は重要だし、国連のような国際機関の制裁も重要だろう。現在、自国のみで防衛体制が盤石という国家は少ないだろう。だから、「世界中から非難される」ことを恐れて、ある国家が他国を攻撃しないという可能性を否定することはできない。しかし、それは平和憲法とは無関係なはずだ。国際社会を動かすのは、「平和憲法を有する平和国家を攻めるのはおかしい」という理屈ではない。攻め込まれる国家に平和憲法があろうが、なかろうが、いずれにせよ実力によって国境変更を可能にするような帝国主義が許容されてはならないという論理であろう。要するに侵略を企てる国家が考慮しているのは、被侵略国の平和憲法の有無ではなく、純粋に国際社会の動向に他ならない。

果たして、どこかの国を侵略してやろうと考えている好戦的な国家が、無防備な国家を見て、無防備ゆえに侵略を控えようと考えることなどありうるのだろうか。逆に、好機到来とばかりに、あれこれと理由を探して、攻め込もうとするのではないだろうか。

●カール・シュミットの予言

こうした議論に対して、極めて鮮やかに答えるのがドイツの憲法学者カール・シュミットの『政治的なものの概念』という著作だ。シュミットは政治の本質を「友・敵」関係の中に見出だす。美学で最も重要な指標が「美・醜」であり、経済において最も重要な指標が「損・得」であるように、政治において最も重要な指標が友敵関係であるというのだ。友の勢力の伸長を図り、できれば敵の殲滅を望む。それが「政治的なもの」だというのだ。

彼は、無防備な軍備を持たない国家に「敵」が同情してくれる可能性について、次のように指摘している。

「軍備を持たぬ国民は友のみを持つと信ずるのは愚かであろうし、多分無抵抗によって敵の心が動かされうると信ずるのは自己欺瞞的な予測であるだろう」

（カール・シュミット「政治的なものの概念」『カール・シュミット著作集Ⅰ』慈学社出版、二七七頁）

そう。シュミットは、平和憲法があるから日本は平和であるという議論を「愚か」であると一蹴し、侵略を試みる敵国が、平和憲法を持っていることに同情してくれる可能性を「自己欺瞞的な予測」だと斬り捨てるのだ。実に論理的で、迫力のある指摘である。

さらにシュミットは続けている。

「一国民が政治的なものの領域に踏み止まる力もしくは意思をもはや持たぬことによって、政治的なものは地上から消滅しはしない。消滅するのは弱い国民である」

（前掲書、同頁）

自分たちが軍備を放棄すれば、世界中の国々は自分たちを敵だと認識しなくなるであろう。世界から敵は消え、友だらけになる。そんな楽観的な世界観は成立しないというのだが、このシュミットの指摘を確認したうえで、次の一節を読み返してみよう。

「日本国民は、恒久の平和を念願し、人間相互の関係を支配する崇高な理想を深く自覚するのであつて、平和を愛する諸国民の公正と信義に信頼して、われらの安全と生存を保持しようと決意した」

いうまでもなく、日本国憲法の前文だ。この前文を読む限り、世界には「平和を愛する諸国民」がおり、彼らの「公正と信義」を信頼していれば、「われらの安全と生存」が保持できることになっている。

この文章は、よく考えてみると、恐ろしく自己中心的というか、自虐的な文章だ。要するに、この前文の論理は次のような論理だろう。日本が悪意から他国を侵略しようと試みない限り、世界は平和である。何故なら、世界を構成するのは「平和を愛する諸国民」に他ならないからだ。だから、日本が何もせずに「平和を愛する諸国民の公正と信義」を信頼していれば、世界は平和であり、当然、「われらの安全と生存」も保持される。

簡単に言えば、日本国民が相手を敵視し、攻撃しない限り、世界中の国家は日本を敵視し、攻撃することがないということだ。世界を動かせるのは日本の意志だけだという意味では、極めて自己中心主義的な文章だし、日本だけが常に世界の平和を乱すという意味では、極めて自虐的な文章である。

こうした憲法前文で示されたような世界認識を一刀両断するのが、先に引用したシュミットの指摘だ。

どれほど日本が他国を敵視しようとせず、友だと認識しようとして、「政治的なものの領域」から逃れようとしても、「友敵」関係という「政治的なもの」は、地球上からなくなることはない。むしろ消え去るのは、「政治的なもの」を直視できない日本である。

私はこのシュミットの指摘は正しいと考える。しかしながら、シュミットが予言するような事態には至っていない。日本は滅びていない。

●「リベラル」が直視できない現実

何故か。

それは憲法の前文では「平和を愛する諸国民の公正と信義に信頼して、われらの安全と生存を保持しようと決意した」と謳いながらも、実際には、「平和を愛する諸国民の公正と信義」など全く信頼せずに、「われらの安全と生存を保持」してきたからである。要するに憲法前文で掲げた平和主義を建前としながらも、実際には自衛隊という精鋭を保持し、日米同盟によって高度な安全保障体制を構築してきたからに他ならない。

これが現実なのだ。

平和憲法を有しているから戦後の日本が平和だったのではない。口先では、まるで無防備国家になると唱えながら、現実では、実力を保持し、同盟を強化してきたから、戦後の日本は平和だったのだ。建前と現実があまりに乖離していたのが戦後日本だった。

だが、こうした現実を全く認識できない人たちが存在する。彼らこそが自称「リベラル」なのである。彼らの特徴の一つは、極めて「反知性主義」的であることだ。知性、あるいは論理性というものを認めない。だから、何故、という質問は受け付けない。「何故、憲法九条が存在するから日本は平和なのか」と尋ねても、その論理を教えてくれない。その時々で「どこの国が攻めてくるんだ！」「攻めてくる国があるはずがない」等々の強引な言い訳はするだろうが、確固たる論理は皆無だ。論理性の否定こそが彼らの反知性主義の特徴だろう。

ただし、熱烈な信仰心を有している。彼らは理屈もなしに憲法九条を有難がる。憲法九条がまるで神であるかのごとく崇め奉り、三跪九叩することを厭わない。それはあたかも信者に無批判な信仰を求めるカルト宗教に似ている。

彼らの教義では、憲法九条を拝跪する者同士は連帯すべきだとされる。その他一切の差異など構わないというのだ。本来であれば、水と油の関係にあるはずの「リベラル」が「共産主義」と手を結んでも異常とすら認識されない。日本型反知性主義の論理に従えば、憲法九条を信仰する者は「リベラル」なのであり、本来、自由とは真逆の立場に立つ共産主義者すら「リベラル」と同一視してしまうのである。

また、「平和憲法を守れ」というスローガンは単純極まりないから、複雑な知性を必要としない。

すぐに連帯が可能だ。平和憲法を破壊しようとする勢力を「悪魔化」し、自分たちの正義に陶酔することができる。何しろ、平和憲法を守っている自分たちこそが、我が国の平和を守っていることになるからだ。

だが、現実はそうではない。

繰り返しになるが、平和憲法が存在しているために日本が平和なのではない。自衛隊が祖国を守り、強固な日米同盟が存在するから日本の平和は保たれているのだ。

現実を見つめようとしない「日本型反知性主義」に冒された自称「リベラル」に明日はない。こうした自称「リベラル」ではなく、真に現実的なリベラルこそが日本には求められている。

現実を直視できない「リベラル」② 従軍慰安婦問題

●いつまでも謝罪し続けるべきなのか

韓国との交際のあり方について、哲学者の内田樹氏が奇妙な論理を展開している。「日本はいつまで韓国に謝罪し続ければいいんですか」という読者からの問いに対して、内田氏は次のように述べている。

「先方が『謝られた』と実感してくれさえすればいい。『謝罪しろ』と言われる前に『すいませんでした』と言って頭を下げる。『なんだよ、何度もがたがたうるせえな、一度頭下げたんだから、もう十分だろう』というのを『謝る』とは言いません。謝らないから謝罪要求がエンドレスになる」

（『内田樹の生存戦略』自由国民社、二二六頁）

韓国が納得するまで何度でも謝罪し続ければよいというのが結論なのだ。日本人は未来永劫、韓国人が心から納得するまで頭を下げ続けなければならないというわけだ。そして驚くべきことに、内田氏は、自分自身が韓国人に会うたびに謝罪していると誇っている。

「僕は韓国の人に会ったら、とりあえず『先祖がいろいろご迷惑をおかけして、すみません』とまず謝りますよ。それでも怒り続ける人なんて会ったことないです」

（前掲書、二二六頁）

感性の違いなのだろうが、私にはこの感覚が理解できない。仮に初対面のアメリカ人が、私に向かって「アメリカは東京大空襲で無辜《むこ》の民を焼き殺し、さらに、広島、長崎に原爆を落として、大変申し訳ない」などといったら、驚いてしまうし、正直にいって、その人のことを不気味に感じるだろう。過去の問題を忘れはしないが許す、という姿勢がなければ、地球上に住む多くの国民が、どこかの国民に会った際に謝罪から会話が始まるということになってしまうだろう。

実は内田氏と同様の主張を展開する国会議員も存在する。社民党の福島瑞穂参議院議員が、国会で総理の談話について批判を展開し、次のように述べた。

「何百年たとうが謝らなければならないことはありますよ。

総理、なぜ自分の言葉で謝らないんですか。このままだと、謝らないでしょうが、どうして自分の言葉で謝らないか。この安倍談話はまさに不誠実極まりないものですよ」

何百年経とうが相手が納得するまで謝罪し続けろという内田氏や福島氏の指摘をどう考えるべきか。心の優しい誠実な指摘のように受け止める人も存在するかもしれないが、私はそう思わない。

●「リベラル」に欠落する「和解」の思想

確かに過去と現在は繋がっており、過去と断絶した現在というものはあり得ない。その意味で過去は重要である。過去を無視したような議論は慎むべきだ。しかしながら、過去を振り返ることと、未来永劫謝罪し続けるということでは意味が異なる。何百年経っても謝罪をし続けることが重要だという福島瑞穂氏の観点には、不幸な過去を乗り越える「和解」の思想が欠けている。

「リベラル」の人々は、日本の過去の誤り、罪状を糾弾することに熱心だが、過去を糾弾し、謝罪し続けることを自己目的化しているように思われてならない。本当に大切なものが見えていないという意味で、極めて「反知性主義」的な糾弾だというより他ない。

実際に重要なのは、不幸な過去を乗り越え、「和解」していくことだ。「和解」のために謝罪が必要な場合があれば、謝罪しても構わない。しかしながら、何百年経とうが謝罪し続けること自体を目的化するのは、極めて愚かなことだ。

例えば、余り知られていない事実だが、戦国時代、日本人はポルトガル人やスペイン人によって奴隷とされていた。詳細は拙著『人種差別から読み解く大東亜戦争』（彩図社）を参照して欲しいが、こうした奴隷貿易に激怒したのが、豊臣秀吉だった。秀吉は、宣教師に向かって、次のように強く指摘した。

「予は商用のために当地方に渡来するポルトガル人、シャム人、カンボジア人らが、多数の日本人を購入し、彼らからその祖国、両親、子供、友人を剥奪し、奴隷として彼らの諸国へ連行していることも知っている。それらは許すべからざる行為である。よって、汝、伴天連は、現在までにインド、その他遠隔の地に売られて行ったすべての日本人をふたたび日本に連れ戻すよう取り計らわれよ。もしそれが遠隔の地のゆえに不可能であるならば、少なくとも現在ポルトガル人らが購入している人々を放免せよ。予はそれに費やした銀子を支払うであろう」

秀吉の主張は明快だ。日本人が奴隷として売られている。そのことによって、「祖国、両親、子供、友人」が剥奪されている。これは許すべからざる行為であり、すみやかに日本人奴隷を解放せよとの強い主張だ。

私はこの秀吉の言葉に感銘を受け、我々の祖先が奴隷とされていたことに激しい憤りを感じた。罪もない日本人が外国人の奴隷とされていたことに憤りを感じる日本人は多いはずだ。しかしながら、私は、現在、ポルトガル人を相手に謝罪を要求しようとは思わないし、多くの日本人もそう考えるはずだ。過去の不幸な事実は事実としてしっかりと認識しながらも、現在の良好な関係を破壊してまで謝罪を要求する必要はないと考えるからだ。

同じことは、元寇に関してもいえるだろう。元軍が対馬、壱岐で日本人を残虐な方法で虐殺したことは有名だ。当時の高麗（現在の朝鮮）軍も残虐だった。こうした歴史に目を向けることは必要だ。しかし、こうした歴史を持ち出して、現在のモンゴルを糾弾してみたり、韓国を糾弾してみても、何の意味もない行為だと思うだろう。「モンゴルよ、日本人に謝罪せよ！」と「何百年たっても謝り続けなければならないことがある」などと主張する人がいたら、余程変わった人だと思われるだろうし、多くの日本国民は相手にしないはずだ。

歴史を振り返れば様々な愚行があり、信じがたいほど残虐な行為がある。それらを否定することはできないし、否定すべきでもない。事実は尊重されなければならない。しかしながら、重要なのは過去を尊重しながらも、時の流れとともに「和解」し、ともに将来を歩んでいくという前向きな姿勢だろう。過去の歴史的事実を忘れることがあってはならないのは当然だが、お互いに「和解」をすることによって、前に向かって進んでいく。こういう姿勢がなければ、世界中で憎悪の炎が消えないことになってしまう。憎しみが憎しみを呼び、殺戮が殺戮を招くような事態に至るだろう。

安倍総理に対する糾弾で、福島氏が念頭に置いているのは、慰安婦の問題のようだが、この問題についても日本は誠実に取り組んできたといってよいだろう。他国と比較して、かなり道義的、誠実に取り組んできたといってよい。

●松本清張と日本人慰安婦

日本軍の「慰安婦」問題ばかりが注目され、世界の軍隊が清廉潔白であったと思い込んでいる人が多いようだが、事実は全く異なる。世界中の軍隊が、兵士と「性」の問題に頭を抱えていたというのが実際のところだ。まるで日本軍兵士のみが性的に異常な軍隊であったというのは、虚構であり、妄想に過ぎない。「リベラル」は日本軍の悪行を強調するが、日本人が被害者となった事例は放置しておいても構わないと考えているのだろうか。それではあまりに不誠実というよりほかないだろう。

多くの人が知っていることだが、占領期の日本に、アメリカ軍相手の「パンパン」と呼ばれる娼婦が存在した。アメリカ軍相手の日本人娼婦は金銭目的であり、全く同情の余地がないなどということはできないであろう。平和で豊かな時代であれば、女性としての尊厳を汚されずに生きられた人々が、悲惨な時代の中で悲しい選択を迫られたのだ。朝鮮人の慰安婦にせよ、日本人の「パンパン」にせよ、これを単なる金儲けのための「娼婦」と断定するのは、あまりに冷酷だ。

松本清張の作品に『ゼロの焦点』という作品がある。新婚早々に失踪した男をめぐる連続殺人事件についての推理小説だ。この物語の悲しさは、次々と人を殺した犯人の動機にある。

犯人は、敗戦直後、進駐軍のための「パンパン」として娼婦をしていた女性で、現在は地方の名士の夫人として、多くの人々から尊敬される存在だった。不幸な過去を背負った彼女は、自らの過去の境涯《きょうがい》を知る男たちを警戒していた。彼らが自分の正体を暴いてしまうことを恐れていたのだ。そんな彼女のもとに彼女の過去を知る男が現れる。男にそうした意図はなかったはずなのだが、過去の暗い事実を暴かれることを恐れるあまり彼女は男を殺してしまう。『ゼロの焦点』は推理小説としても興味深いが、敗戦と占領が国民にいかなる心の傷を負わせたかをも示唆する作品となっている。

●日韓における戦後処理

軍隊と性の問題は、日本の特殊な問題ではなく、普遍的な問題として語られるべき事柄なのだ。「リベラル」の急先鋒である福島瑞穂氏が取り上げているいわゆる「従軍慰安婦」の問題、とりわけ韓国の慰安婦問題についても冷静に考え直してみよう。

基本的に日本政府は政府としての韓国との間の戦後処理を終えているという立場だ。それは日本政府が横暴だからではない。話し合いの結果、日本政府と韓国政府との間でそういう協定を結んでいるからだ。日韓基本条約を締結した際に、同時に締結された協定の一つに「日韓請求権並びに経済協力協定」がある。この協定の中には次の言葉がある。

「両締約国は、両締約国及びその国民（法人を含む。）の財産、権利及び利益並びに両締約国及びその国民の間の請求権に関する問題が、千九百五十一年九月八日にサン・フランシスコ市で署名された日本国との平和条約第四条（a）に規定されたものを含めて、完全かつ最終的に解決されたこととなることを確認する」

重要なのは、日本・韓国両政府は請求権に関する問題に関して、「完全かつ最終的に解決された」と宣言している点だ。これは何も無責任な日本が過去の行為について賠償をしなかったわけではない。賠償金として韓国に一〇八〇億円を支払っているのだ。この賠償金の支払いを以て韓国の日本に対する請求権に関する問題は「完全かつ最終的に解決された」ことになっているのだ。日本政府が賠償金を支払い、「完全かつ最終的に解決された」はずの問題が、なぜ蒸し返されるのか。

第一に指摘されるべきは、韓国政府の対応の拙さだろう。具体的には、韓国政府の賠償金の使い方に問題があったといえるだろう。日本からの賠償金が慰安婦となった人々への十分な償い金として配布されていれば、現在とは全く異なった形で慰安婦問題が議論されていたはずだ。別に当時の韓国政府を糾弾しようとは思わないが、「完全かつ最終的に解決された」はずの問題が蒸し返され、現在に至るまで日韓両国民の懸案事項になっている原因の一端は当時の韓国政府の対応の拙さにあったことを指摘しておくべきであろう。

また第二に考えねばならないのが、「慰安婦」となった人々に特別な事情があったということだ。先に取り上げた松本清張の『ゼロの焦点』の犯人がそうであったように、「パンパン」（米軍相手の性的サーヴィスに従事した日本の女性）や「慰安婦」（日本軍相手の性的サーヴィスに従事した朝鮮半島の女性）となった人々は、そうした過去を「暗い過去」として、できるならなかったことにしてしまいたいと願うはずだ。隠しておきたい人生の恥部を曝け出したいと思う人は少ないだろう。金銭が奪われた、子供が殺された、という話なら、同情されるだけで済むかもしれないが、不幸な境遇にあったとはいえ、性的な仕事に従事していたことを語れば、世間が彼女を見る目が変わってくる可能性を否定できない。もう一度辛い思いをしなければならないことを考えれば、沈黙していたいという思いも理解できよう。現在の幸せな家庭環境が壊れてしまう可能性も否定できないからだ。だから、沈黙するしかなかった人々が存在していたであろうことは想像に難くない。

だが、様々な葛藤を経て、自分の過去を語っておかねばならないと考え、つらい過去の体験を告白する人々が出現した。このこと自体は否定されるべきことではない。できるなら忘れてしまいたいはずの辛い過去を語ることは、勇気の必要な行為であり、告白そのものを否定するのは残酷だ。

だが、この慰安婦問題は極めて不幸な形で推移することになる。

本当に重要なのは、問題の解決、すなわち慰安婦であった人々の心の傷を癒すことのはずであった。確かに心の傷が完全に癒えることはない。だが、何らかの少しでも納得がいく形で事態が収拾すればよかったのだが、慰安婦問題は日韓関係を亀裂させ、その亀裂の象徴ともいうべき問題となってしまったのだ。

慰安婦問題に関して、日本政府の立場は、既に解決済みという立場であった。この立場は、一見すると極めて冷たい立場のように感じられるかもしれないが、冷静に考えれば、至極常識的な反応といってよいだろう。政府としては、「完全かつ最終的に解決された」と両国間の条約で定められた問題について、それ以上の手の打ちようがないからだ。

●道義的責任を認めた日本と不幸な推移

だが、法的な責任はないとしても、道義的な責任はあるのではないか、との声があった。主として「リベラル」の人々の声だったが、こうした人々の主張は、必ずしも反知性主義とも言い切れない。私からみても、真剣で賛同できる主張も含まれていた。仮に保守を標榜する人々が、「日本は道義国家を目指す」と主張するのであれば、かつての日本人の犯した罪を償うことこそが道義的な行為ではないのかと考えることができるからだ。

道義的に過去の過ちの責任を引き受けることは否定されるべきことではない。

だが、問題が複雑化し、混迷を深めていくのは、問題の争点が次々にすり替わり、本当に重要だったはずの慰安婦であった女性の心の傷を可能な限り癒し、和解へと向かう方向から議論がどんどんと外れていったからだ。

この問題を迷走させた原因はいくつかある。

第一に挙げなければならないのが、詐欺師が登場したことだ。代表的な詐欺師は吉田清治なる人物だ。この吉田清治を名乗る人物は、日本軍の一員として朝鮮半島で「慰安婦狩り」を行っていたとの手記を書き、謝罪行脚《あんぎや》を続けていた。彼の手記を読む限り、日本軍によって恐るべき犯罪行為が組織的に行われていたことになっていた。この吉田証言は十分な検証が行われることなく多くの「リベラル」たちに引用、紹介され、あたかも真実であるかのように語られた。そして日本軍がいかに野蛮で鬼畜のような軍隊であったのかが語られた。

吉田は自分自身が朝鮮半島のボタン工場で若い朝鮮人女性を強制連行した様子を生々しく手記に描き出した。

「隊員たちがすばやく工場内の二か所の出入口を固め、木剣の先を突きつけて、女工たちを起立させた。…（略）…隊員たちは笑い声をあげて、端の女工から順番に、顔とからだつきを見つめて、慰安婦向きの娘を選びはじめた。

若くて大柄な娘に、山田が『前へ出ろ』とどなった。娘がおびえてそばの年取った女にしがみつくと、山田は…（略）…台をまわって行って娘の腕をつかんで引きずりだした。…（略）…女工たちはいっせいに叫び声を上げ、泣き声を上げていた。隊員たちは若い娘を引きずり出すのにてこずって、木剣を使い、背中や尻を打ちすえていた。…（略）…女工の中から慰安婦に徴用した娘は十六人であった」

（吉田清治『私の戦争犯罪』三一書房、一一五頁）

多くの人が「従軍慰安婦」の「強制連行」で想像するのは、吉田が語ったような犯罪行為であろう。確かに、生々しく、この通りのことが行われていたのであれば、それは日本軍の汚点と呼ぶべき事件であろう。

だが、歴史家の秦郁彦氏が検証した結果、吉田清治なる男の慰安婦に関する手記、証言の類は全て虚偽であることが判明した。彼が強制連行の命令を実行したという村では、「慰安婦狩り」など行われておらず、すべてが真っ赤な嘘だったのだ。目立ちたかったのか、金儲けが目的だったのか、今となっては判然としないが、この吉田清治なる男の嘘が広まり、いたいけな少女たちを性奴隷とするために、日本軍が「人狩り」をしていたかのようなイメージが広まってしまったのだ。

また、慰安婦であると名乗り出た人々の証言にも信憑性に欠けるものがあったことを指摘しておかねばならない。確かに過去の罪に向き合うことは必要だが、捏造された犯罪に向き合うことはできない。仮にそうした捏造された犯罪を受け入れてしまえば、それは、我々の先祖を不当に貶めることになるからだ。例えば、国連の「クマラスワミ報告」に慰安婦の証言として掲載されている証言は、あまりに残酷なものだ。日本軍の兵士がいたいけな少女を拉致し、強姦し、罵声を浴びせ、暴力を振るい、殺す。

証言は、次のように報告されている。

「私たちの目の前で彼女を裸にして手足を縛り、釘の出た板の上にころがし、釘が彼女の血や肉片でおおわれるまでやめませんでした。最後に、彼女の首を切り落としました。もう一人の日本人ヤマモトは私たちに向かって、『お前らを全員殺すのなんかわけはない。犬を殺すより簡単だ』と言いました。『朝鮮人の女たちが泣いているのは食べるものがないからだ。この人間の肉を煮て食べさせてやれ』とも言いました」

仮にこうした証言が事実であれば、あまりに悲惨な状況というより他ないが、この証言の信憑性はかなり低い。歴史家の秦郁彦氏も「シナリオライターの構成力がお粗末すぎて、ばかばかしくなる」とその信憑性を一蹴している。

●慰安婦の実像と道義的責任

こうした出鱈目な虚偽の証人たちが出現したことにより、日本国内の左右の対立は深まった。証言を信じ込んでいた「リベラル」は、必要以上に誇張して日本軍の悪行を糾弾していたが、残念ながら、彼らの糾弾の根拠そのものの信憑性が疑わしかった。

また、右派の一部は、吉田清治なる男の証言が嘘であったこと、慰安婦であったと名乗り出た女性たちの証言の信憑性の不確かさを根拠に、慰安婦そのものが金銭目的の売春であったのであり、そうした行為に同情する必要は全く不要だとの主張を展開し始めた。

　現実は、その中間にあった。

　悪魔的で猟奇的な日本軍が組織的に「人狩り」をするかのように、少女たちを拉致し、性奴隷として強姦し、時には殺害した。これはあまりに誇張された虚偽だ。だが、朝鮮半島の全ての女性たちが自分の意志でお金を稼ぐことを目的として、好んで公娼としての「慰安婦」になったという話も極端だ。他の仕事に就くという話を聞かされて、連れてこられて、いやいや「慰安婦」にさせられたという女性たちも存在した。

　今日の目から見て、何より問題とされるのは、慰安所という女性の人権が蹂躙されるようなシステムの存在が日本軍に認められていたということだろう。当時は、その存在が当然と思われていた制度そのものが、女性の尊厳を傷つける制度であったということの発見、そしてその被害者への償いと和解への道を歩むことこそが重要なことだと私は考えている。

　私自身は「保守派」の一人と目されることが多いのだが、この問題に関して発言して、年配の方から失望されたことがある。

　私の発言は次のようなものだ。

「日本軍も人間ですから間違えることも誤りもあったでしょう。慰安所という制度も当時は合法的であったのかもしれませんが、女性の人権、尊厳を傷つける制度であったと思います。勿論、軍隊と性との問題は、普遍的な問題で、日本軍だけが糾弾されるべき問題ではありません。しかし、日本軍の中にあった慰安所が称賛されるべき施設だったとは思いません」

ある年配の紳士が、「君は日本軍を馬鹿にするのか。左翼なのか」と立腹されていた。しかし、冷静に考えてみておかしな批判だろう。慰安婦の存在を肯定することが保守だ、あるいは、慰安婦など存在しなかったと主張することが保守だ、とするならば、そこでいう「保守」とは、事実と違うことを事実として主張する「反知性主義」に他ならない。私は「リベラル」という「反知性主義」も嫌いだが、こういう意味不明な「保守」を自称する「反知性主義」も受け入れることができない。

いかなる対日請求権に関する法的責任は果たしたという日本政府のかねてよりの主張を否定せず、この慰安婦問題の道義的責任を果たす方法はあるのか。

日本政府が採ったのは、「アジア女性基金」の設立という方策だった。

一九九五年六月一四日、村山内閣の五十嵐広三官房長官によって発表された「アジア女性基金」の事業内容は次のように書かれている。

元従軍慰安婦の方々のため国民、政府協力のもとに次のことを行う。

（１）元従軍慰安婦の方々への国民的な償いを行うための資金を民間から基金が募金する。

（２）元従軍慰安婦の方々に対する医療、福祉などお役に立つような事業を行うものに対し、政府の資金等により基金が支援する。

（３）この事業を実施する折、政府は元従軍慰安婦の方々に、国としての率直な反省とお詫びの気持ちを表明する。

（４）また、政府は、過去の従軍慰安婦の歴史資料を整えて、歴史の教訓とする。

重要な点が幾つもある。

まずは、「償い」はあくまで民間の基金とすることで、過去の「完全かつ最終的に解決された」という表現との矛盾をきたさないようにしてある点だ。これによって、従来の政府の解釈を否定しない形で、慰安婦問題に取り組んでいることが明らかになっている。次いで、民間からの浄財に加えて、医療、福祉のために日本政府が資金を投入することが明らかにされている。要するに、慰安婦であった女性に対しては、償い金と医療、福祉に関する金銭が支払われることになっている。そして、政府が「国としての率直な反省とお詫びの気持ちを表明する」ことも決定している。

これは政府が法的責任を果たすのではなく、道義的責任を果たすという宣言だ。私は日本が道義的な素晴らしい国家であって欲しいと願う一人として、この女性基金による元慰安婦への償いは、よくできた方策であったと評価する。勿論、様々な批判があったことは承知している。だが、この元慰安婦の方々への償いは、一定以上の効果を上げたものだった。

政治は結果責任が問われる営みだ。善意に基づいてなされた決断、選択であっても、結果が悲惨なものであれば、否定されざるをえない。逆に、どのような悪意に基づいてなされた決断、選択であっても、結果が素晴らしいものであれば、それは応分に評価されてしかるべきだ。

私は元慰安婦の人々に対する「女性基金」からの償いは、一点を除いて、評価されてしかるべきだと考える。

●評価された女性基金

あまり知られていないことだが、この「女性基金」が償いの対象とした元慰安婦は朝鮮半島の人々ばかりではない。韓国以外にも台湾、フィリピン、オランダ、インドネシアの元慰安婦に対しても償いが実行された。

「女性基金」の呼びかけ人であり、理事も務めた大沼保昭氏は、『「慰安婦」問題とは何だったのか』（中公新書）で、女性基金の設立経緯、果たした役割、課題等々を簡潔にまとめているが、その中で重要だと思われるのは、こうした日本の償いを評価し、「和解」へと歩み始めた人々が存在していたことだ。言うまでもないが、過去の誤りを消し去ることはできない。だが、僅かなりとも心の傷を癒し、和解に向かって歩み始めることは可能である。

各国での元慰安婦の人々が日本からの償いに対し、こうした償いを評価する発言をしている。

フィリピンにおける元慰安婦
「いままで不可能と思っていた夢が実現しました。とても幸せです」

「五〇年以上苦しんできたが、今は正義と助けを得られて幸せ」

「今日みなさんの前に出たのは、総理の謝罪が得られたからです。感謝しています」

（大沼保昭、前掲書、四七頁）

台湾の元慰安婦
「生きているあいだにこういう日が来るとは思わなかった。生きていてほんとうによかった」
「結局日本人はわたしたちを裏切らなかった」
（前掲書、五一頁）

オランダの元慰安婦
「わたしは橋本首相の手紙にたいへん大きな満足感をおぼえました。長い年月を経て、ついにわたしが受けた被害が一定のかたちで認められたのです。わたしは感情を抑えきれず、身も心もふるえます」

「あなた方がわたしのためにしてくださり、これからもしてくださるすべてのことにお礼を申し上げます。この金銭的な補償に対してだけでなく、一六歳の少女であったわたしが受けたあの悲惨さのすべてが認められたことに対してです。そのことが、今なお口を開けている傷口を抱えて生きることに耐えてきたあの傷の痛みをやわらげてくれます」

（前掲書、六八〜六九頁）

日本は法的責任を負うことを拒絶したが、道義的責任を負う決断を下し、各国の元慰安婦の女性に謝罪し、償いをした。かつて慰安婦だったという女性たちも日本の謝罪と賠償を受け入れ、感謝の念を表明している。過去の誤りを克服し、「和解」へと向かったという意味において、一定の成功を収めたといってよいだろう。

●反日を優先させる韓国

だが、こうした「和解」に向かわず、対立関係が悪化した国があった。韓国である。

韓国の元慰安婦の女性たちにも女性基金からの償いの申し出があったことはいうまでもない。この際、韓国で慰安婦問題に関して支援してきた「韓国挺身隊問題対策協議会」（以下、挺対協）をはじめとする多くの支援団体が女性基金の申し出に批判的だった。彼らが重要視したのは、日本政府が「法的責任」を認めていない点であった。日本政府としては、慰安婦問題を法的には「完全かつ最終的に解決された」問題として受け止め、あくまで「道義的責任」に基づいて補償、謝罪をするとの姿勢をとっていた。この点を挺対協は問題視したのである。

韓国で元慰安婦七名が、日本からの償いと謝罪を受け入れることを表明すると、あろうことか、彼女たちは韓国社会で「金に目がくらんだ人々」として蔑まれるようになった。さらに、挺対協はこれ以上元慰安婦たちが「金に目がくらむ」ことのないように、彼女たちの生活費を支援するための募金活動を開始した。加えて、挺対協らと親和性の強い金大中大統領が誕生すると、元慰安婦の生活支援費を政府から支出させることに成功した。挺対協が集めた募金から四〇万円、政府からの生活支援費として三〇〇万円が元慰安婦に支払われることになった。

ここから先が重要だ。

韓国政府は生活支援費の支給に際し、女性基金からの償いを受け入れないことを誓約させたのだ。女性基金からの償いを受け入れた元慰安婦、誓約書に署名しなかった元慰安婦には、生活支援費が支給されなかったのだ。

要するに挺対協、そして「反日」世論に後押しされた韓国政府は、日本側が「和解」のために作り上げた償いを拒絶し、「和解」に向かって歩み始めた女性たちは、韓国政府が支援する必要のない「金に目のくらんだ」忌むべき存在と位置づけたのだ。

これでは「和解」が成立するはずがない。ここで問題視されるべきなのは、日本側の行動ではなく、韓国側の行動だ。

●『帝国の慰安婦』が投げかけた問い

韓国内部でも批判の声が上がらなかったわけではない。慰安婦問題、日韓関係に造詣の深い朴裕河《パクユハ》教授は次のように指摘している。

「日本の国民基金を受け取った人々を韓国政府の補償金支給対象から除外させ、韓国政府が補償金を支給した人々に日本政府の金を受け取らないという誓約書を書かせたことは、国民基金の正当性の当否を離れて、『慰安婦』個人の意志を被害者支援団体という名のもとに統制し、韓国政府から補償を受ける権利を彼女たちから奪い去った、越権行為ではなかったか。誠意と正義感からはじまった「挺対協」の運動は、いつのまにかかつての国家によって被害をこうむった人々を「国家」にかわって統制する行為となり、「個人」の意志をいまひとたび抑圧したのではなかったか」

(『和解のために』平凡社ライブラリー、一〇八頁)

ここで朴教授が指摘した内容にはおおよそ納得がいく。本当に重要なのは、元慰安婦として辛い経験をしてきた人々の心の傷が少しでも癒えるような方向に向かって歩き出すことだった。そして、日本からの謝罪と償いを受け入れた他の国々では、完全に心の傷が癒えることはなかったにせよ、日本の謝罪と償いに、一定の評価をした人々が多かった。

だが、韓国では元慰安婦の人々がそうした道に向かって歩むことを、被害者ではない韓国人が妨害したのである。彼らは、「和解」に向かって歩むのではなく、「和解」を拒絶することで、あくまで「反日」を優先したのである。

元慰安婦の人々の心の傷に関して無関心だったのは、日本ではなく、韓国であった。彼らにとって慰安婦とは、反日の象徴であり、反日の象徴が「金に目がくらんで」和解に向かってあゆみだしたら、困るのである。

残念ながら、韓国では、事実や和解に向かった歩み寄りも「反日」という強固な政治イデオロギーが重要視されていると思わざるを得ない事件が起きた。朴裕河教授の『帝国の慰安婦』の学問的な記述が元慰安婦の女性の名誉毀損にあたるとされ、朴氏に罰金刑とする有罪判決が下されたのである。

『帝国の慰安婦』を執筆した朴裕河教授は、徒に韓国を貶め、日本を過剰に賛美するような人物ではない。本書では、「慰安婦」の存在が、日韓であまりにもかけ離れて偶像化されていることを批判しているのだ。韓国では悲劇的な「性奴隷」とされ、日本の右派からは単なる「売春婦」とされた「慰安婦」の実情とは、どのような存在だったのかを探り、そうした慰安婦が存在した構造を探ろうという試みこそが『帝国の慰安婦』の執筆の意図だ。

日韓で引き裂かれ、偶像化された「慰安婦像」のそれぞれについて、それらは虚像であると主張しているのだから、決して単純な「親日派」というわけではない。むしろ、日本の保守派が読めば怒りだすであろうような記述も少なくない。

例えば、朴教授は指摘している。

「数百万人の軍人の性欲を満足させられる数の『軍専用慰安婦』を発想したこと自体に、軍の問題はあった。慰安婦問題での日本軍の責任は、強制連行があったか否か以前に、そのような〈黙認〉にある」

（『帝国の慰安婦』朝日新聞社、三三一頁）

彼女は決して日本軍、そして大日本帝国が無謬であったと主張しているのではない。だが、韓国側の主張も極端だとして、韓国人が触れたくない事実も指摘している。

例えば、次の指摘だ。

「朝鮮の貧しい女性たちを戦場へ連れていったのは、主に朝鮮人や日本人の業者だった」

（前掲書、一一八頁）

「挺身隊や慰安婦の動員に朝鮮人が深く介入したことは長い間看過されてきた」

（前掲書、四九頁）

要するに、『帝国の慰安婦』は、日韓の極端な「慰安婦像」を問い直し、本来、「慰安婦」とはいかなる存在であり、そうした慰安婦を生み出した構造を問うという内容の本なのだが、こうした研究が韓国では禁忌とされたようだ。

朴教授を元慰安婦の女性たちが名誉棄損で訴え、有罪判決が下され、給与の差し押さえが認められたという。

慰安婦とはいかなる存在であったのかを虚心坦懐に研究しようという試みそのものが名誉棄損とされてしまうという野蛮。慰安婦問題の真の解決を妨げているのは、日韓のいずれの国家なのか。それは火を見るより明らかではないだろうか。

韓国の言論空間が成熟しない限り、この問題が解決することはない。

朴槿恵元大統領はかつて次のように指摘したことがある。

「加害者と被害者という歴史的立場は千年の歴史が流れても変わらない」

確かに加害者と被害者という歴史的立場は何年経っても変わることがない。ただし、その立場に拘泥し続け、和解への道を歩むのか、歩まないのかは、自分たちで決定することだ。日本側は既に態度を表明している。

態度を決するべきなのは、日本ではなく、韓国なのだ。「リベラル」が批判すべきなのは、日本の態度ではなく、いつまでも過去の問題に真摯に取り組まぬ韓国でなければならない。常に日本に問題があり、韓国は一方的な被害者だというのは、知性とは無縁の「反知性主義」であることをここで改めて確認しておきたい。

第5章

共産主義という幻想

――ガラパゴス左翼が見つめようとしない共産主義の真実

日本共産党を考える

●日本共産党の不思議な感覚

日本共産党という政党は、どこか感覚がずれていると思わざるを得ないような主張をする政党だ。

例えば、二〇一五年一〇月一七日付『赤旗』の記事に私は驚愕した。自衛隊の観艦式を告知するポスターが電車に掲載されていたことに関して、非常に反知性主義的でおかしな記事を書いているのだ。『赤旗』では次のように書かれている。

（引用者注・自衛隊の観艦式を告知するポスターに）「誰かを助けたいという気持ちに国境なんてない」などのキャッチフレーズに、乗客からは「早くも『戦争法』が動きだした」との不安の声が聞かれました。

乗客からは、「そら恐ろしい」（70代女性）、「ともかく、ぞっとした」（男性・世田谷区在住）などの感想が相次いでいます。

（http://www.jcp.or.jp/akahata/aik15/2015-10-17/2015101715_01_1.html より）

乗客が本当にそのように感じたのなら、それはそれで仕方ないが、『赤旗』に登場する人々の感覚と私の感覚とでは、随分と隔たりがあるものだと思わざるを得なかった。

我が国を守る精鋭を見て、ホッとする、誇りに思うというのが、私の感覚なのだが、この人たちは、逆に、自国を守る自衛隊の姿を見て、「そら恐ろしい」「ぞっとした」とのことだ。

毎年不気味な軍拡を続ける中国や奇妙な独裁者が支配する北朝鮮の軍事パレードを見て、「そら恐ろしい」「ぞっとした」と思うのが、普通の日本人の感覚というものではないだろうか。我が国を守ろうと必死の努力を重ねている自衛隊を眺めて「そら恐ろしい」「ぞっとする」というのだから、感覚の違いとはいえ、非常に失礼な人々だと私は思う。

こうした非常識な態度が端的に表れたのが、二〇一六年六月二八日のテレビの討論番組だ。このテレビ番組において、共産党の藤野保史氏が防衛予算を「人を殺すための予算」と呼んだのである。

参議院選挙の近づいた中、各政党の責任者が国民の暮らしについて発言していた際、事件は勃発した。共産党を代表して番組に出席していた藤野氏が突如次のような発言をしたのだ。

「軍事費は戦後初めて五兆円を超えた。しかし人を殺す予算ではなくて、人を支えて育てる予算を優先していくべき」

日本を守るための安全保障に関する費用を単純に「軍事費」と呼ぶことにも違和感を覚えるが、何よりも驚愕したのは、こうした費用のことを「人を殺す予算」と断じたことだろう。事実上、日本を守るために日夜汗をかいている自衛隊員のことを「人殺し」呼ばわりする常軌を逸した発言で、さすがの共産党も発言を訂正し、藤野氏を処罰した。

だが、私はこの発言にこそ、共産党の本音があると思わざるを得なかった。何故なら、『赤旗』において、自衛隊の活躍する姿をみて、「そら恐ろしい」「ぞっとする」と言っていた人々の真意がわかった気がしたからだ。彼らは自衛隊のことを見て「人殺し」だと思っているから、その活動する姿をみて「ぞっとする」のではないだろうか。

最近になって、共産党は直ちに自衛隊を解体しないと嘯《うそぶ》いているが、本音は別のところにあると考えるのが当然だろう。何しろ、我が国を守ろうと真剣に努力を重ねる人々の姿をみて「そら恐ろしい」「ぞっとする」人々なのだ。しかも、この自衛隊の存在を認めるという論拠そのものが出鱈目極まりない論拠なのだ。

●立憲主義を否定する日本共産党

衆知のように日本共産党は「護憲政党」を標榜《ひょうぼう》している。そして、自衛隊は違憲の存在だと位置づけている。日本共産党は、自衛隊を違憲の存在であるとその存在を否定する以上、非武装中立路線を貫き、自衛隊の解体までを求めるのだろうか。それとも他に斬新な安全保障政策を示しているのだろうか。多くの国民が疑問に思うところであろう。

この問いに対する共産党の立場は奇妙極まりなく、そして、危険極まりないものだ。

二〇一五年六月二三日に日本外国特派員協会で共産党の志位委員長は、自衛隊に関する質問に関して次のように答えている。

「安全保障の問題ですが、私たちは日米安保条約を廃棄するという展望を持っておりますが、そのときに自衛隊も一緒に解消する、という立場ではないんです。それは、安保条約の廃棄に賛成の方でも、自衛隊は必要だという、国民的な合意のレベルが違うということです。ですから、私たちは自衛隊は違憲の軍隊だと考えておりますが、これを一気になくすことはできません」

「私たちが政権を担ったとして、その政権が憲法九条を活かした平和外交によって、アジアの国々とも世界の国々とも平和的な友好関係を築き、日本を取り巻く国際環境が平和的な成熟が出来て、国民みんなが〝自衛隊は無くても安全は大丈夫だ〟という圧倒的多数の合意が熟したところで、九条の全面実施の手続きを行う、すなわち自衛隊の解消へ向かうというのが私たちの立場なんです」

日本共産党が政権を担うようになれば、日米安保条約はただちに廃棄するが、自衛隊は「違憲」の存在であるが、存在させ続けるという主張である。志位氏の発言は、その場の思いつきでなされた発言ではなく、共産党の綱領に基づいたものだ。共産党の綱領では日米安保、自衛隊をどのように扱うかを具体的に記している。

「日米安保条約を、条約第十条の手続き（アメリカ政府への通告）によって廃棄し、アメリカ軍とその軍事基地を撤退させる。対等平等の立場にもとづく日米友好条約を結ぶ」

「自衛隊については、海外派兵立法をやめ、軍縮の措置をとる。安保条約廃棄後のアジア情勢の新しい展開を踏まえつつ、国民の合意での憲法第九条の完全実施（自衛隊の解消）に向かっての前進をはかる」

綱領で明確に定められているのだから、日米安保の廃棄と自衛隊の「解消」に向かって動くという主張は、志位氏の個人的な主張というよりも共産党の主張といってよいだろう。

この共産党の主張はおかしな主張である。

第一に、日米安保条約を廃棄することと自衛隊を解体することに関して国民的な合意のレベルが違うというが、本当だろうか。志位氏の主張に従えば、日米安保条約を敵視し、これを廃棄することに関する国民的な合意が形成されているかのようだが、これは実態と大きく異なる「虚構」の議論ではないだろうか。

平成二六年度における内閣府の世論調査の結果をみれば、志位氏の主張が虚構に過ぎないことは明らかだ。内閣府の世論調査では、「日本は現在、アメリカと安全保障条約を結んでいるが、この日米安全保障条約は日本の平和と安全に役立っていると思うか」との質問に対して、「役立っている」とする者の割合が八二・九％（「役立っている」三八・五％＋「どちらかといえば役立っている」四四・四％）、「役立っていない」とする者の割合が一一・六％（「どちらかといえば役立っていない」八・九％＋「役立っていない」二・七％）となっている。八割以上の国民が日米安保条約を日本の安全保障のために有益な条約だと考えているのが現状であるにもかかわらず、まるで、日米安保条約の廃棄に関する国民的合意が形成されているかのように語るのは、現実をみようとしない「反知性主義」的な議論か、極めて欺瞞的な議論かのいずれかだと言わざるを得ない。

そして日本共産党の自衛隊に関する議論は噴飯物と言わざるを得ないレベルの、欺瞞的な議論だ。志位氏に従えば、「自衛隊は違憲の軍隊だと考えております」ということになる。しかし、自衛隊を支持する国民が圧倒的大多数である以上、「違憲の軍隊」である自衛隊を直ちには解散しないというのだ。

これは、近代立憲主義を破壊することを宣言した恐ろしい台詞だ。立憲主義とは、行政府、すなわち政府の暴走を食い止めるために憲法を尊重する義務を行政府に課したものだ。この点では、

「リベラル」の人々の主張と私の主張とに径庭《けいてい》はない。私自身は、共産党が主張するように自衛隊が違憲の可能性が高いと考えている。だからこそ、憲法を改正して違憲状態を放置するようなことがあってはならないと主張しているのだ。近代立憲主義を空洞化させないためにも、自衛隊の存在を憲法上に明記すべきだと考えている。歴代の自民党政権は、本来的には憲法改正を行うべきでありながら、国民が憲法改正、九条改正に反対する可能性を恐れ、非常に際どい、実質的には詐欺まがいの解釈改憲によって、自衛隊を「合憲」と位置づけてきた。こうした憲法に対する極端な解釈は、一人の政治学者としてみれば、許しがたい欺瞞以外の何でもないのだが、一人の国民としてみれば、現実的に日本を守るために致し方なかった選択であったのかとも思えなくもない。

憲法と自衛隊の関係に関する共産党の解釈は異常なものだ。共産党は、自衛隊の存在そのものが違憲だという。仮に自衛隊の存在そのものが違憲であるならば、ただちに憲法を改正して憲法が自衛隊の存在を認めるか、自衛隊の存在そのものを否定し、憲法を守らなければならない。

だが、共産党は、存在そのものが違憲である自衛隊の存在を認めてよいというのだ。要するに憲法に背く存在を認めてしまえという立場なのだ。この立場は恐ろしい。何故、恐ろしいかといえば、違憲の存在が認められるということは、事実上憲法が空洞化することを是認しているからだ。立憲主義の破壊を堂々と宣言しているに等しいからだ。

我々国民の基本的な人権は憲法によって保障されている。だから、基本的な人権が踏みにじられるような行為があった場合、それは憲法の精神に反する行為であり、許されない行為ということになる。だが、共産党の解釈に従えば、憲法に背くような行為であったとしても、共産党が認めれば、そのような行為ですら是認されてしまう可能性を否定できない。

国民の権利、人権を守るためには、行政府の暴走を食い止めなければならない。そのために人類が考案した一つの偉大な防御策が「立憲主義」だ。憲法によって、行政府の暴走を食い止めようというのが最大の狙いだ。だが、共産党は、自分たちの匙《さじ》加減で「違憲」の存在であろうとも、認めることができると公言しているのだ。こうした「立憲主義」を否定するかのごとき恐るべき言説を許容することはできない。

●共産主義社会を信仰する集団

しかしながら、私が共産党という政党を全く信用することができないのは、その異常な安全保障観によるものだけではない。より根源的な思想、哲学において危険極まりない政党だと考えるために信用できないのだ。彼らは自由主義社会において生きる我々とは根源から異なる世界観を抱いた人々なのである。共産党員と我々とでは、世界観が全く異なるという点に注意しなければならない。共産党という政党が極めて特異な世界観を有する政党であるという事実を我々は忘れてはならないのだ。

共産党の志位氏は「共産党」の名称を変更しないのか、という問いに対して、次のように答えている。

「名前について言いますと、私たちは共産党ですから、人類の社会は資本主義で終わりだとは思っていません」

人類の社会は資本主義では終わらず、「共産主義」が到来するというのが、彼らの基本的な世界観なのだ。自由・民主主義社会から共産主義社会への移行を夢見る人々、それが共産党の面々なのだ。この事実を忘れてはならない。

何故、この世界観の相違が恐ろしいのか、この点について説明してみたい。

アーサー・ケストラー『真昼の暗黒』で読み解く共産主義

●アーサー・ケストラーと『真昼の暗黒』

共産主義というイデオロギーについて、限られた紙面で説明するのは、極めて困難だ。膨大な研究書があり、私もかなりの数の研究書を読んだ。これを端的に説明していくことは難しい。そこで、ここでは、まず一冊の本を紹介するところから、「共産主義とは何か」について考えることにしたい。取り上げる一冊はアーサー・ケストラーの『真昼の暗黒』だ。

アーサー・ケストラーは風変わりな人物として知られている。ハンガリーに生まれ、各国を転々とし、一九三一年にはドイツ共産党に入党している。ソ連を訪問した後に、特派員としてスペインに赴き、拘束され独裁者フランコから死刑判決を言い渡されている。イギリスの介入により釈放されるが、その後もフランスで投獄されている。執筆に際しては麻薬を常用し、浴びる程に酒を飲んだ。飲んだ挙句に喧嘩を繰り返したし、車を大破させることも幾度にも及んだ。極端な女好きであったことも知られている。晩年は常人には理解しがたい「超科学」や「超心理学」に強い関心を示し、一九八三年に妻とともに自殺した。

まさしく波乱万丈と呼ぶに相応しい生涯をおくったケストラーだが、彼の名を不朽のものとしたのは、彼の個人史や常人に理解のできぬ科学や心理学の故ではない。彼の個人的な体験に基づいて執筆された『真昼の暗黒』の著者として、彼の名は長く自由社会に刻まれることとなったのである。

ケストラーは自らも共産党に入党するほど、共産主義に傾倒した知識人の一人である。その知識人が敢然と行った共産主義批判こそが『真昼の暗黒』に他ならない。

本書の主人公ニコラス・サルマノヴィッチ・ルバショフは、実在する人物ではない。スペインにおける自らの体験、スターリンに粛清されたソ連の指導者たちの逸話を交えながら創られた架空の人物である。彼は共産主義の理想を信じ、混迷の革命期を生き延びてきた指導者の一人である。

物語はルバショフの逮捕から始まり、収監された独房における生活が描かれる。隣の独房に収監された囚人との壁を叩いて行う暗号通信も興味深いが、何といっても本書の圧巻は取り調べにある。かつての革命の英雄ルバショフから「反革命罪」の自白を引き出そうとするイワノフ、グレトキン。ルバショフと彼らの間で交わされる会話こそが本書の白眉である。

革命の理想を信じ、党の定めた方針に従い続けたルバショフは、単なる被害者ではない。革命を望まぬ「反動」が裁かれているのではない。ルバショフ自身が党の方針に従って革命を遂行するために信じがたいほどの背信行為を働いてきた。

ベルギーの古い港町にローウィという小男がいた。彼は港湾労働者組合支部のリーダーを務めていた。南ドイツの都市に生まれたローウィは、革命青年クラブの若手リーダーの一人だった。警察署から武器を奪取する事件に関与し、町にいられなくなった彼は、党の指示に従って亡命するが、亡命は上手くいかなかった。パスポートと身分証明書を持って来るはずの党からの使者が現れなかったのだ。木の皮を食べるほど悲惨な状況をくぐりぬけ、彼は国外に逃げ出すが、各国間の党の連絡が不十分で彼は結局官憲の手に落ちる。

これほどの扱いを受ければ、ローウィが党を恨んでもよさそうなものだが、彼は革命の大義を信じ、理想を捨てずに港湾労働者組合支部のリーダーを続けてきた。

ルバショフがローウィの住む港湾を訪れたのは、彼らを裏切るためだった。

当時、南ヨーロッパの貧しい独裁国家がアフリカで略奪と侵略の戦争を開始していた。党は党員にボイコットの指令を発した。もちろん、侵略戦争を開始した独裁国家に原料の調達をすることを防ぐためである。港湾労働者組合の組員たちは党の指令に忠実であった。独裁国家の侵略戦争に加担することは許せないという純粋な怒りが彼らの胸中に存在していたことは疑いえない。

ルバショフの使命は、本国から独裁国家への原料の輸出を可能にすることであった。要するに党の指令であったボイコットを撤回し、逆に、独裁国家に原料を輸出するというのだ。事実、ルバショフが到着した数日後には、独裁国家への原料を満載した船団が到着した。

指令の突然の変更は、ボイコット運動に参加した党員の梯子《はしご》を外すようにしか思われない。だが、ルバショフは説く。革命国家が独裁国家に原料を輸出しなければ、他の資本主義国家が代わりに原料を輸出するだろう。従って、革命国家が輸出を止めれば、革命国家を世界市場から締め出そうとしている各国の思う壺だ。ロマンティックなジェスチャーに耽溺《たんでき》することはできない。

ルバショフの論理は、一見合理的な説明のように思われるが、それでも指令に忠実だった人々を裏切ることには変わりない。
こうした本国の決定を批判したリーダーたちは除名処分を受け、最も批判的だったローウィは煽動工作員として弾劾された。そしてその三日後にローウィは首を吊った。
ルバショフはこう述懐している。

「運動は平然と、ひたすらゴールを目指して流れていき、曲がり角にさしかかるたびに、溺れた者の死体を投げ捨てていく…（略）…この曲がりくねった流れに耐え得ぬ者は、誰であろうと岸辺に打ち捨てられた。それが法則だったからだ。個人の動機など何の意味も持たなかった。個人の良心も意味がなかった。個人の頭や心の中に何があろうと、運動はそんなことは問題にしない。党は唯一の罪を知るのみだった――それは決められた道を踏み外すこと。そして、唯一の罰としては――死あるのみ」

（『真昼の暗黒』岩波文庫、一一六～一一七頁）

全ての犯罪、悪行が未来の理想のために正当化される。未来に実現される理想のためであれば、人間の命、良心が踏みにじられようとも構わない。否、輝かしい未来の実現を妨げるような人間など生かしておいてはならぬ。

皮肉なことにこのときのルバショフの論理こそがルバショフを窮地に追いやる。ルバショフを尋問したイワノフは語っている。

「彼（引用者注・党の指導者）はある種の数我的慈悲深さに基づいて動くので、結局、人類には冷淡で無慈悲である。…（略）…。殺戮を終わりにすべく殺戮する。子羊が犠牲にならないように、子羊を犠牲にする。人々が鞭打たれなくなるように、人々を鞭打つ。徹頭徹尾良心的であろうとして、あらゆる良心の咎めを捨ててしまう」

（前掲書、二二八～二二九頁）

●未来のために現実を否定する

未来の輝かしい理想のためには、現在生きる人々は耐え忍ばねばならない。理想の実現が達成されざる現在、党の指令によって、民衆には耐えきれぬ程の苦痛が与えられるだろう。そして夥《おびただ》しい人々に死がもたらされるだろう。だが、そうした犠牲者は未来に生きる幸福な人々の数に比して、極少数に過ぎない。生体実験に供せられる子犬が哀れなのは間違いない。だが、それらの犠牲の上に科学は進歩する。それらの犠牲なしにコレラ、チフス、ジフテリアの血清は手に入らない。人類の歴史を進歩史観によって説明する彼らにとって、一人の人間の生など論ずるに値しないというわけだ。

また、革命国家に関する彼らの認識も興味深い。理想を実現するはずの革命国家が何故理想とは最も懸け離れた謀略、暴力に手を染めるのか。革命国家それ自身を守るために冷徹なあらゆる手段が採られるのは何故なのか。

こうした疑問にこたえるかのようにもう一人の尋問官グレトキンは冷たく語る。

「党という堡塁《ほうるい》を守るためなら、われわれは外国にあるわが組織を解体することも吝かではなかった。また、間違ったタイミングで現れた革命運動を潰すためなら、反動国家の警察と手を組むことも吝かではなかった。堡塁を守るためなら、友人を裏切り、敵と妥協することも吝《やぶさ》かではなかった。これが、最初に成功した革命の代表者であるわれわれに、歴史が課した使命なのである」

（前掲書、三五六頁）

ここで再び持ち出されるのは「歴史」である。如何なる悪行に手を染めようとも生き残ること。それこそ歴史が革命国家に課した使命なのだという。

一つの理論を狂信する余り、歴史の名の下に数多の人々を殺戮し、あらゆる犯罪を行うこと自体が正義だと居直る。それが共産主義者の正体に他ならない。彼らは純粋であり、正義を追求しようとしているのだろう。だが、彼らが現実世界で行っているのは、殺戮であり、詐欺であり、背信なのである。

共産主義者の実態を知らしめたという一点において、ケストラーは不朽の名声を手にしたのである。

●進歩史観の非人間性

なお、進歩史観を奉ずる理想家が血も涙もない殺人鬼と化するという逆説を指摘した哲学者がいる。ベルジャーエフである。

彼は進歩史観を厳しく戒めている。

「進歩の理論は、過去と現在を犠牲にして未来を神化するのであり、科学的見地からも哲学的ないし道徳的見地からもこれを正当化することはできない」

（ベルジャーエフ『歴史の意味』白水社、二二九頁）

「それ（進歩の理論）は、その他の部分に対して情け容赦のない吸血鬼として登場する、というのはそれは過去を喰いつくし、過去を殺害する未来であるからである。進歩の理念はその期待を死の上に置く」

（前掲書、二三三頁）

いずれも忘れてはならぬ至言というべきであろう。
自白書に署名させられたルバショフは、死の直前に思索に耽る。革命が目指していたのは、無意味な苦しみを廃絶することであった。しかし、無意味な苦しみを廃絶するためには、犠牲が必要だった。その犠牲の上に革命が成就《じょうじゅ》し、理想が実現されるのだから、その苦しみは無意味な苦しみではない。意味のある苦しみというべきなのだ。しかし、そうした意味の有無は個人の生においてはいかなる意義ももっていない。死に直面させられた個人にとって、その死が理想の実現に寄与するか否かは意味を為さない。ただ、不条理な死があるだけだ。意味ある苦しみか否か、などという議論は、「人類」という抽象的な概念にとっての議論であり、現実に生きている一人ひとりとは関わりを持たない議論に過ぎない。
死の直前にルバショフは過去の信念を思い起こすことになる。かつてルバショフは日記に次のように綴っていた。

「われわれは全ての因習を捨て去った。われわれの唯一の指導原理は論理上の必然に従うことである。われわれは倫理という底荷は積まずに航海している」

（『真昼の暗黒』三八九頁）

過去のこうした見解に対して、ルバショフは批判を加える。

「おそらく、諸悪の根源はそこにあった。おそらく、底荷無しで航海に出るのは、人間には向かなかったのだ。おそらく、理性だけというのは欠陥のある羅針盤であり、それに従っていると、ひどく曲がりくねって、ねじくれた航路に迷い込んでしまい、最終的には、目的地を霧の中に見失ってしまうことになるのだ」

（前掲書、三八九頁）

歴史の法則を掴んだと称する人々。彼らが恃んだのは自らの理性に他ならなかった。確かに、彼らは傑出した頭脳を持つ人々であったのかもしれない。万巻の書物を読み、議論を重ねた秀才たちであったのかもしれない。だが、人間の理性は限定的なものに過ぎなかった。理性のみを奉ずる人々は倫理を忘れ、人々を欺き、裏切り、そして殺したのである。

「知恵と節度とは分かちがたい」とは、古の格言だが、二〇世紀の共産主義者の過ちとは、節度を欠いた理性に身を委ねたところにあった。

●『真昼の暗黒』への批判

なお、ケストラーの痛切な共産主義批判に対して、面白い視点から批判を加えている知識人がいるので紹介しておきたい。

リベラルとして知られるトニー・ジャットは、『真昼の暗黒』に関して次のように指摘している。

「この作品は、二〇世紀中頃の最も痛烈な共産主義批判でさえおちいった限界について、啓発的な洞察を与えてくれるのだ。『真昼の暗黒』はソヴィエトという国家の信頼性を揺るがしたかもしれないが、その代償として、共産主義はそれでもなおほかの権威主義的体制とは似ても似つかぬものであり、根本的にはほかの権威主義的体制よりもずっとよい（少なくともずっと興味深い）との、型どおりの知識人の思いこみを後押しすることになった」

（トニー・ジャット『失われた二〇世紀　上』ＮＴＴ出版、六一～六二頁）

ジャットの指摘は興味深い。確かに『真昼の暗黒』は、辛辣な共産主義体制の批判の書である。だが、それでも本書は、共産主義体制の過酷な真実を描ききれていないというのだ。確かに、本書の白眉はルバショフと尋問者との議論であり、極めて知的な議論が展開されている。だが、衆知のようにナチズムに蝕《むしば》まれたドイツでは、ユダヤ人を殺戮する際に議論等必要としなかった。ユダヤ人であるというだけの理由で、多くの罪のないユダヤ人が殺戮されたのだ。そうしたあまりに反知性主義的で暴虐な政治体制と比較してみたとき、ケストラーが『真昼の暗黒』で描き出した共産主義国家は、いささか知的で非暴力的な政治体制であるかのように思われるのだ。要するに粗野な剥き出しの暴力は避け、あくまで討議を重んじる体制であるかのように描かれているということだ。実際の共産主義国家は全く非知性的で剥き出しの暴力が行使される野蛮な政治体制に他ならなかった。

別の場所でジャットと対談しているスナイダーも同じような指摘をしている。

「『真昼の暗黒』は、どうして人びとが共産主義にひきつけられたのかという、内部からのよい報告となっているわけですね。しかしこの作品は、大粛清が実際はどのようなものであったのかのよい報告にはなっていません。この小説は一九三七年と三八年に射殺された何十万人もの労働者や農民のことには触れていないのですから」

（トニー・ジャット『20世紀を考える』みすず書房、一五八頁。なお、本書ではスナイダーがジャットへ質問する形式をとっている。これはスナイダーの発言）

ジャット、スナイダーの指摘は、極めて重要である。『真昼の暗黒』では、何故人々が共産主義に魅了されたのか、内部の闘争が如何に熾烈なものであったのかを理解することはできる。だが、現実に、共産主義とは無関係な全く罪なき人々が大量殺戮された事実が描かれていないのだ。

我々は共産主義革命、共産主義体制下における無辜の人民への大量殺戮から眼を背けてはならないだろう。

スターリンの大量殺戮

●階級の消滅

一九二九年一二月、スターリンは恐ろしい発言をした。

「われわれは、富農の搾取に制限をくわえる政策から、一つの階級としての富農を撲滅する政策に移った」

スターリンの発言から、ロシアにおいて、「富農撲滅運動」が展開されることになった。

これは共産主義者の悲願である集団農場化を進めること、そして、前年から展開されていた「五カ年計画」を遂行するためだった。スターリンはできるだけはやくロシア経済の近代化を図ろうとした。工業を中心とした経済への移行を目論《もくろ》んだのである。しかし、ロシアには経済の近代化のために必要な資本が存在しなかった。この資本を無理矢理捻出するために農民から「余剰収穫物」を取り上げ、海外へと輸出し、その輸出で得た外貨で近代工業に必要な機械を購入しようと考えた。

この計画自体は別段奇妙な計画というわけではないが、現実を無視して、計画を断行したために、農民たちは、「塗炭の苦しみ」との表現以上に悲惨なこの世の地獄へと送り込まれることとなった。

常識的に考えて、「富農」という言葉から、多くの人は、巨万の富を得た地主を想像するだろう。だが、当時のロシアにそのような裕福な農家は存在しなかった。実際には、農民を搾取する「富農」など存在しなかったのである。ごくわずかな農民が数頭の牛や馬を所有するだけで、ほとんどが「貧農」に等しかった。「富農」とされた人々の収入は、「富農」の迫害を命じられた村の役人よりも低かったのだ。だが、この「富農」こそが諸悪の根源と見なされ、「階級の敵」として抹殺されるべきだとされたのである。

「富農」は三つのカテゴリーに分類された。第一カテゴリーは「反革命の活動に従事している富農」で、彼らは逮捕され、強制収容所に送られるか、処刑されることとなった。第二のカテゴリーは「それほど積極的に反対活動はしていないが、反革命を助けることになる極め付きの搾取者」で、彼らは逮捕され、家族ともども僻地へ強制移住させられることになった。第三のカテゴリーは「体制に忠実な富農」で、居住する地域の番外地に移され、土地改良に従事することが決定された。

実際にはロシアに「富農」は存在しなかったが、政府は、追放されるべき「富農」の数を定めた。まさに机上の空論というべき算出方法で数が決定され、第一カテゴリーには六万三〇〇〇人が該当するものとされ、第二カテゴリーには一五万世帯が該当するものとされた。

現実には存在しない「富農」を追放するためになされた方法は過激だった。州は地区に対して富農の数を通達した。地区は定められた富農の数を各村ソヴィエトに割り、村ソヴィエトが富農のリストを作成した。リストの作成にあたったのが、国家警察の捜査官、現地共産党の指導者、検察官で構成される三人委員会（トロイカ）だった。そもそも農民を搾取する「富農」が存在しない以上、「富農」を選ぶ基準は出鱈目なものだった。トロイカを構成する誰かが個人的な憎悪の念を持っていたために、貧しい農民が「富農」とされることも多かった。また、同時に行われていた農地の集団化に反対した人間も「富農」とされることが多かった。何しろ実際に「富農」が存在しないのに、定められた数だけ「富農」をリスト・アップしなければならないのだから、その選出方法が恣意的で、出鱈目であるのは当然であったといわねばならない。

富農撲滅運動は残酷きわまりないものだった。ロシア国内の集会、ラジオ、映画で繰り返し、繰り返し「富農」の非道さが強調された。著名な作家、そしてスターリン自身も「富農」がいかに卑劣な存在であるかを強調した。人々は徐々に諸悪の根源が「富農」であると思い込むようになり、「富農」さえ存在しなければ、ロシアにユートピアが到来すると夢想する人々も出現した。

●「人間ではない」と断ずる狂気

ロシアの作家、グロスマンは傑作『万物は流転する』の中で、若き日にロシアの富農撲滅運動の活動家となった女性に、次のように語らせている。

「富農や寄生虫みたいなやつらが穀物を焼き、子供たちを殺している、すべてはその一点にありました。ストレートにこう宣言されたのです。彼らに対する大衆の怒りを燃え上がらせ、階級として呪われた彼ら全員を撲滅せよ……そしてわたしは魔法にかかりだしました。すべてがこう見えるのです。あらゆる災厄の源は富農にある、もし直ちに富農が撲滅されれば、農民にとって幸せな時代がやってくる。同情なんてとてもできない。彼らは人間ではない。なにか分からない生き物だ。そして私は活動家になりました」

（『万物は流転する』みすず書房、一五三頁）

「彼らを殺すためには、こう宣言しなければならなかった――富農は人間ではない。ドイツ人が、ユダヤ人は人間ではないと言っていたのとまさに同じです。同じようにしてレーニンもスターリンも、富農は人間ではないといっていたのです。これは嘘です！　人間です！　彼らは人間なのです！」

（前掲書、一五四～一五五頁）

ナチス・ドイツがユダヤ人に全ての罪を負わせ、ユダヤ人さえ存在しなければ、ユートピアが到来すると妄想したように、共産主義ロシアでは「富農」、そして「資本家」が「階級の敵」として規定され、彼らさえ存在しなければ、夢のような社会が到来すると喧伝されたのである。

「富農」と見なされた人々の人生は過酷なものとなった。直接殺戮されてしまった人々も悲惨だったが、生き残った人々も悲惨であった。第二のカテゴリーの富農、すなわち「それほど積極的に反対活動はしていないが、反革命を助けることになる極め付きの搾取者」とされた人々である。家族もろとも強制移住させられた彼らの数は、一八〇万人以上に及ぶ。彼らはロシア経済の近代化のために必要だと思われた大運河、鉱山施設、工場の建設のための強制労働に従事させられることになったのである。こうした強制収容所は「グラーグ」と呼ばれ、後に、ソ連全体主義体制の象徴と見なされることとなった。なお、このソ連のグラーグを模倣して作られるのが、ナチス・ドイツにおける「強制収容所」に他ならない。ヒトラーは共産主義というイデオロギーを嫌ったが、その過酷なシステムから学び、模倣することによって全体主義国家を成立させた。

過酷な条件下で強制労働に従事させられた多くの人々が死亡した。飢え、寒さ、伝染病によって無辜の人々が死んでいった。過酷な条件下で人間の尊厳は失われ、人間が人間ではなくなっていく。

具体的な例を一つだけ挙げておく。六六〇〇名から六八〇〇名くらいの人々がナジノ島に送られてきた。国家は彼らを有害な社会分子だと断定し、食料も必需品も住宅もなしに生存せよと命じた。囚人たちは、逃げることも、外部から助けを求めることもできなかった。こうした状況で何が起こったのか。恐るべき証言が残されている。

「ナジノ島は無人島で、まったくの未開拓地でした……農具もなければ種もなく、食料もありませんでした……新しい生活が始まりました。…（略）…飢えて痩せた移住者たちは、屋根も農具もなしに……再び出口の状況に置かれました。寒さから逃れるために、火をつけようと試みることができるだけでした。人が死んでいきました……最初の日に二九五の遺体が埋められました…（略）…まもなく人肉を食うような場合が出てきました」

（クルトワ他『共産主義黒書』恵雅堂出版、一六四頁）

結局、ナジノ島で生き残ったのは、二二〇〇名に過ぎなかった。六六〇〇名から六八〇〇名がナジノ島に強制移住させられたのだから、少なく見積もっても四四〇〇名が死んでいる。

彼らが国家によって殺戮されたのは、彼らが罪を犯したからではない。彼らは無実だった。彼らが「富農」という階級に属していると国家に断定されたために、人間の尊厳を奪われる形で殺害されたのだ。輝かしいユートピアを建設するための「人柱」にされたのだ。

●ウクライナの悲劇

トロイカによって処刑されず、強制収容所へと移住させられなかった人々の運命も過酷極まりないものだった。ここからは現在のウクライナ（当時はロシア）で強制移住されなかった人々を襲った運命について述べてみたい。

ウクライナでは、スターリンの命の下、集団化が進められた。農民たちに土地の所有権を放棄させ、コルホーズに入るように指導がなされたのである。農民たちは、自分たちの土地の所有権を放棄することに関して、徹底的に抵抗した。だが、武器を持たず組織を作り上げることができなかったため、農民の抵抗運動、蜂起は大規模なものにまで展開することがなかった。彼らはせめてもの抵抗とばかりに、集団農場に取り上げられる前に、自分たちで所有していた家畜を売ったり、処分した。スターリンは一時的に農民たちと妥協するかのように装いながらも、一九三一年までに農村の集団化を終えた。

悲劇はここから始まる。

一九三〇年、ウクライナは豊作であり、市場に七七〇万トンもの穀物を供給した。これは非常に豊作であったからこその供給量だった。しかし、政府はこの豊作であった年の供給量を基準として翌年の政府への穀物の供給量を定めた。一九三一年は農場が集団化された影響もあり、収穫高が前年を遥かに下回った。優れた農業技術を持った人々が「富農」と断定され、強制収容所へ移送させられたこともあったが、農民たちの生産意欲が減退していたことも見逃すわけにはいかないだろう。集団農場で栽培された穀物は、決して、自分たちのものにならないのだ。自分たちに無関係な穀物を熱心に作らなければならない動機が持てなかったのである。だが、政府が求める供給量は昨年と同様の七七〇万トンであった。

農民たちが穀物を隠蔽していると疑っていたスターリンは、規定量を提出していない農民たちに翌年の作付け用の種子も提出するように命じた。だが、実際に人々は何も持ち合わせておらず、本当に作付け用の種子が提出させられることになった。

一九三二年の初め、人々は飢饉を恐れ、助けを求めた。ウクライナの共産党指導者たちもモスクワの指導者、スターリンに救援を求めた。だが、彼らは何もしなかった。その年、ウクライナの人々が飢えて死んでいるとの報告がなされていた年に、ウクライナは穀物を六六〇万トン拠出するように命じられた。

人々は飢え、餓死者が出現していたにもかかわらず、スターリンは、さらに過酷な法令を定めた。穀物や家畜などコルホーズのすべての財産を国家の所有する財産と定め、それらを盗む者は「人民の敵」と見なされ、財産の没収と少なくとも一〇年の禁固、情状酌量の余地がなければ銃殺刑に処するという過酷な法令だった。また、農民をコルホーズから無理に離脱させようと試みた「富農」は、五年から一〇年強制収容所に送られることも定めてあった。この法令によって、自分たちが育てたジャガイモを自由に食べようとする行為は、国家の所有物を「盗んだ」罪に問われ、「人民の敵」として糾弾され、重罪を課される行為となったのである。

農民たちが作物を「盗む」ことがないように、監視塔が建設され、徴発隊が、農民たちから食物を徴発した。

スナイダーがこの徴発隊について、次のように描いている。

「共産党活動家たちは、まるで侵略軍のように食物を現地で調達し、取れるだけのものを取って腹いっぱい食べた。労力と熱意に見合った成果はほとんどあがらず、苦悩と死だけをもたらしていった。罪悪感の裏返しか、勝利感からか、彼らは行く先々で農民たちに屈辱を味わわせるようなことをした。ピクルスの樽に小便をしたり、腹を空かせた農民たちにボクシングをさせて笑い物にしたり、犬のように這って吠えろと命じたり、泥の中でひざまずいて祈りを捧げよと強要したりした。ある集団農場で盗みを働いてつかまった女性たちは、衣服をはぎとられて殴られ、裸のまま、村の中を引きまわされた。ある村では、徴発部隊の面々が農民の家で酔っ払い、その娘を集団暴行した。ひとり暮らしの女性たちは穀物挑発という名目で夜間に強姦されるのがあたりまえになっていた。かれらはほんとうに、事を終えたあとで食べ物を奪っていったのだ。スターリンの法と彼の国の勝利とは、そんなものだったのだ」

（ティモシー・スナイダー『ブラッド・ランド　上』筑摩書房、八四頁）

農村にはもはや何も残されていなかった。農民は、ただ、飢えて死ぬのを待つしかないという状況に追いやられた。こうした状況を熟知しながらもスターリンはウクライナで飢餓が勃発していることを否定し、そうした話は、共産主義国家ソヴィエトに反対する勢力が捏造した虚構の物語に過ぎないと言ってのけたのである。スターリンは、飢えて死にかけている農民たちは、ソ連の信用失墜のための謀略活動に加担していると断定したのである。

飢饉を捏造と否定したスターリンはいかなる国際社会からの援助も受け容れようとはしなかった。実際に飢えて、死んでいく人々のことを虫けら同然に扱い、同情もせずに見殺しにしたのがスターリンだった。実際にソ連に穀物は存在した。だが、ソ連の工業化を急ぐスターリンは、こうした穀物を飢え、餓死しかけている国民のために配布するのではなく、当初の予定通り外国へ輸出していたのだ。夥しい国民の餓死の上にソ連経済の近代化を図ろうとしたのである。

人々は飢え、食べられるものは全て食べようと試みた。草、木、ネズミ、ミミズ……。何を食べようとも彼らが飢餓状態から抜け出すことはできなかった。救いのない飢餓に陥ったウクライナでは恐るべき行為が横行することになった。人肉食（カニバリズム）が横行したのである。街で子供が誘拐され、捌かれたのだ。人肉を扱う市場も存在したという。悲惨なのは、家族同士が飢餓のために殺しあう状況にまで追いやられた場合だ。親が子供を殺して、食べ、また、子供が親を食べることもあった。親が子供を食べる場合、子供は被害者だ。だが、子供思いの親は、死んでいく自分を食べさせることによって我が子を救おうとしたのである。阿鼻叫喚の地獄絵図としか表現のできないような飢餓地獄であった。

●喜んで騙された「リベラル」

こうしたウクライナの状況を西側諸国はどのように受け止めていたのだろうか。

繰り返すが、スターリンは飢餓による大量虐殺を隠蔽した。情報が漏れないように組織的に情報を隠蔽した。そして、西側諸国の人々は「農村の集団化」という言葉を耳にしたとき、人々の進むべき道が見出されたかのような感慨に浸っていたのである。騙してやろうという悪意と、夢のような「進歩」の物語を信じ込みたいという妄想が人々の目を現実から背けさせることになった。

スターリンの謀略に嵌められた滑稽な道化師として歴史に名を残すことになったのが、フランスで首相まで務めたエリオだった。彼は急進社会党の指導者だったが、一貫して仏ソ間の外交的距離を縮めようと主張していた政治家だった。彼は、数百万人が餓死によって死んでいる最中、ウクライナを訪問し、スターリンがでっち上げた人々が幸せそうに暮らす村の生活を見せつけられ、次のように語った。

「私はウクライナを旅してきた。ところで私には断言できる。私が目にしたウクライナは収穫真っ盛りの楽園のようであった、と」

（フュレ『幻想の過去』バジリコ出版、二二九頁）

エリオが見せ付けられた村の人々の生活とは、スターリンが事前に捏造した村の生活に他ならなかった。エリオが到着する前日、住民は道路の清掃、家の飾り付けを命じられた。また、いつも行われていたような街で行列を作って食料品の配給を待つことも禁じられ、浮浪者、乞食、飢えた人々は姿を消した。全てが人工的に捏造された村の生活をエリオは共産主義国家の現実だと思い込み、礼賛したのである。

フェビアン協会で活躍したウェッブ夫妻もスターリンの捏造に喜んで騙された二人だった。彼らはソ連の公式な発表を真実であると鵜呑みにし、ウクライナの飢饉について「実際の飢餓をもたらすほど深刻なものではなかった」と指摘し、さらに、飢饉が勃発したという情報は「飢餓で苦しむ地域などほとんど行ったことがない人々」が書いたことだとまで述べている。現在となれば真実は明らかである。彼らは自分のイデオロギー的選好から、現実を直視できなかったのである。

共産主義者スターリンによって殺戮された被害者は、このウクライナ飢饉だけで七〇〇万人、その内の三〇〇万人が子供であったと歴史家のコンクエストは指摘している。彼は、飢餓を引き起こす契機となった富農撲滅運動による死者は六五〇〇万に上ると計算しているので、この数年間だけでスターリン圧政下のロシアでは一〇〇〇万人以上の罪なき人々が殺されていたのである。

●スターリンの犯罪なのか

ここで重要な問題を提起しておかねばならない。それは、「富農撲滅運動」「ウクライナ大飢饉」そしてここでは取り上げることがない様々な残虐な政策は、スターリンの個人的な犯罪と捉えるべきなのかという問題である。

例えば、今回、参考にした本の一冊ノーマン・ネイマークの著作の表題は『スターリンのジェノサイド』（みすず書房）である。この本の中で、富農撲滅運動、ウクライナ飢饉、そしてその他の殺戮が取り扱われている。簡潔で素晴らしい著作なのだが、本書の表題そのものが誤解を招きかねないのではないかと私は危惧している。「スターリンのジェノサイド」といってしまえば、スターリン以外の指導者がソ連に君臨していたのならば、これらの悲惨な虐殺が存在しなかったということを言外に意味することになりはしないだろうか。スターリンの個人的な誤りということが強調され、共産主義というイデオロギーそのものが有する決定的な誤謬を見逃すことになるのではないかと恐れるのである。

同様に「スターリン主義」という言葉に対しても私は強い違和感を覚えるのだ。まるで共産主義の犯罪と愚行が、すべてスターリンという独裁者の個人的な犯罪と愚行であったかのような印象を与えるからだ。仮に、スターリンにソヴィエト全体主義国家の全ての犯罪の責任を背負わせようと意図する人がいるならば、その人は、何らかの形で共産主義という理念を守りたいという人だといってよい。彼らの基本的な主張はこういうことだ。本来は理想的な国家へと向かう共産主義国家を愚かにもスターリンが全体主義国家にさせてしまった。だから、スターリンとは異なる方法で共産主義国家を目指さなければいけない。こういう主張である。だが、本当にスターリンのみに大虐殺の責任を負わせることは可能なのだろうか。

私は共産主義者による「スターリン批判」は、共産主義というイデオロギーの決定的誤謬を糊塗するための方便に過ぎないと考えている。まるでスターリンさえいなければ、全ての虐殺がなかったかのように思い込むのは極めて危険である。

スターリンの教師　レーニン

●独裁と暴力を肯定したレーニン

スターリンの大虐殺の遥か以前、レーニンは独裁と暴力行使の必要性を説いている。例えば、カウツキーが『プロレタリアートの独裁』の中で、ロシアにおけるボリシェビキの独裁を批判すると、レーニンは『プロレタリア革命と背教者カウツキー』との一文を草し、プロレタリア革命、独裁の必要性を説いている。彼は共産主義社会を実現させるためには、プロレタリア独裁が絶対に必要であると指摘した上で、独裁の内容についても語っている。

「独裁の欠くことのできない標識、独裁の必須の条件は、階級としての搾取者を暴力的に抑圧することであり、したがって、この階級に対して『純粋民主主義』を、すなわち平等と自由を破壊することである」

（「プロレタリア革命と背教者カウツキー」『レーニン全集第二八巻』大月書店、二七一頁）

「プロレタリアートは、ブルジョワジーの抵抗を打ち砕かずには、自分の敵を暴力的に抑圧せずには、勝つことはできない…（略）…そして、暴力的抑圧のあるところ、『自由』のないところ、

「そこにはもちろん民主主義はない」

（前掲書、二七二頁）

一読して明らかなように、「階級としての搾取者」を「暴力的に抑圧する」必要性が明確に説かれている。レーニンは民主主義を否定し、敵対する勢力に対する暴力的抑圧を堂々と赤裸々なまでに擁護しているのである。そして、彼は革命後ただちに軍事革命委員会（のちのチェーカー）を組織し、自らに敵対的な勢力を「人民の敵」と断定し、次々と逮捕し、殺戮した。

また、さらに驚くのは、まるでウクライナにおける人工的な飢饉を髣髴《ほうふつ》とさせる次の一文が存在していることだ。レーニンは敵対する勢力、すなわち、ブルジョワジーとされる人々に向けて、次のように語りかけている。

「もし搾取者である諸君が、われわれのプロレタリア革命に反抗をしめそうと企てるならば、われわれは諸君を容赦なく圧迫する。われわれは諸君を無権利なものにする。それだけではない。われわれは諸君にパンを与えない。なぜなら、われわれのプロレタリア共和国では、搾取者は無権利であり、火と水をうばわれるだろうから」

（前掲書、二九八〜二九九頁）

レーニンの死後、言葉は実行にうつされた。先に見たように、スターリンの統治するウクライナでは、人々に「パンを与えない」状態が続き、多くの農民が飢えの中で死んでいった。「搾取者」として「富農」が捏造され、「富農」と認定された人々は、殺戮されるか、全てを奪われ、酷寒の中で強制労働に従事させられ、夥《おびただ》しい数の人が死んでいった。

レーニンの著作において明確に民主主義の否定、独裁の擁護、躊躇《ちゅうちょ》なき暴力の行使が擁護されている以上、大量殺戮を擁護する思想をスターリンの独創的な思想とするべきではない。スターリンは忠実なレーニンの弟子に他ならなかったのだ。革命のために、暴力を厭《いと》うべきではなく、暴力の積極的な擁護こそが、レーニンの基本的な主張だった。スターリンはレーニンの教えに忠実だったというべきであろう。

レーニンの暴力擁護論の淵源には、マルクスの影響があった。マルクスの『資本論』は長大な著作だが、『資本論』を熟読しても、革命を行う意欲は湧き上がらない。眼前の資本主義についての鋭い分析が展開されているだけで、暴力を積極的に擁護するような箇所は見当たらない。マルクスを熟読していたレーニンが好んだのは、「フランスの内乱」「ゴータ綱領批判」のマルクスの台詞である。例えば、マルクスは「ゴータ綱領批判」の中で次のように指摘している。

「資本主義社会と共産主義社会のあいだには、一方から他方への革命的な変化の期間がある。これに対応して、政治的な移行期間もまた存在しているのであって、この期間の国家はプロレタリアートの革命的独裁でしかあり得ない」

（マルクス「ゴータ綱領批判」『マルクス・コレクションⅣ』九九頁）

ここでは共産主義社会を実現するために「プロレタリアートの革命的独裁」が擁護されている。マルクスのいう「独裁」がいかなる「独裁」であるかについては、ここでは語られていない。レーニンは、マルクスの「独裁」を「独裁の必須の条件は、階級としての搾取者を暴力的に抑圧すること」と解釈し、自らの解釈のみが正当な解釈であるとした。

●トロツキーのテロ擁護

スターリンと対立したトロツキーも、テロルの重要性について論じている。

「目的を達しようとするものは、あらゆる手段を排することはできない。闘争は、プロレタリアートが権力の独占を効果的に確保するために十分な激しさをもたねばならない」

（トロツキー『テロリズムと共産主義』現代思潮社、五四頁）

「原則として死物狂いの反革命にたいする威嚇と抑圧の処置を放棄するものは、労働者階級の政治的支配、労働者階級の独裁をも放棄しなければならない。プロレタリアート独裁を放棄するものは、社会革命を放棄し、社会主義を否定するものである」

（前掲書、五五～五六頁）

トロツキーの理屈に従えば、革命に反対する者への積極的な「威嚇と抑圧」がなければ、プロレタリア独裁は実現せず、プロレタリア独裁が存在しないところに社会主義は実現しないということになる。要するにスターリンと対峙したトロツキーもまた、敵対勢力に対する仮借《かしやく》なき暴力の行使こそが共産主義社会を実現するために必要だと認識する革命家であったということである。結局のところ、スターリンが権力を握り、恐怖政治を敷いたのは事実だが、この恐怖政治はスターリンの独創によるものではなかった。レーニンであれ、トロツキーであれ、共産主義体制の指導者たちは、躊躇することなくテロルを行使し、自国民を大量に虐殺することを厭わないということを認識することが重要だろう。

歴史は必ず資本主義から共産主義へと向かうという確信、そして、共産主義社会の実現を否定する勢力の暴力的な否定は正しいという確信が、人々をテロルへと駆り立てる。彼らは「歴史の必然性」を信じきっているために、一人ひとりの人間の悲しみが理解できない。理想を追求する「正義」の人が無辜の人々を殺戮する。共産主義の歴史を振り返った際、ナチズムの歴史と共通する政治の暗い側面が浮かび上がってくる。

実際に共産主義運動で、富農撲滅運動に従事していた活動分子の回想を紹介しよう。

「私は、子供たちが……息をつまらせ、苦しそうに咳をしているのを聞いた。そして、おびえきって嘆願し、憎悪にみち、あるいは無表情な、絶望で憔悴《しょうすい》しきった、あるいは半気狂いになり、恐ろしく凶暴になった人々を見た。…（略）…

こうしたことを目にし、耳にすると胸が痛む。自分がこんな活動にくわわっていればなおさらのことだ……。私は、自分を説きふせ、弁解した。私は、心を萎えさせるような同情に負けてはならなかった。われわれは、歴史的必然性を実現しつつあったのだ」

（コンクエスト『悲しみの収穫』恵雅堂出版、三八八頁）

「目的が手段を正当化することを確信していた。われわれの最大の目的は、共産主義の全面的な勝利であった。この目的のためには、すべてが許された。ウソをつくことも、盗むことも、われわれの仕事の邪魔をし、邪魔をできるものなら、数十万、いや数百万の人間をみな殺しにしても許された。そして、こうしたことを躊躇し、迷うことは『考え過ぎ』であり、『愚かな自由主義』に敗れ、『木を見て森を見ない』連中に屈服することであった」

（前掲書、三八八～三八九頁）

日本共産党と白鳥事件

●暴力的だった日本共産党

レーニンやスターリンの大量殺戮は、あくまでロシア革命という遠い異国で起こった出来事であり、日本とは無縁の物語だと思う人もおられるだろう。日本共産党は「平和の政党」であり、彼らは暴力やテロリズムとは無縁だと感じる方もおられるかもしれない。

だが、実際に日本共産党の歴史を振り返ってみると、極めて暴力主義的な側面が浮かび上がってくる。

一九五〇年一月一六日、コミンフォルム（共産党・労働者党情報局）は、日本共産党の戦略、戦術を批判する「日本の情勢について」という論文を発表した。コミンフォルムとは、コミンテルンが解散された後に組織された共産主義革命のための組織であり、スターリンの指揮下にあった。コミンフォルムが否定したのは、日本共産党の野坂参三の平和革命論だった。要するに、日本共産党のやり方は手ぬるいので、より過激な暴力主義的革命路線を採るように批判されたのである。

ソ連からの批判を受けた日本共産党は、党を二分する騒ぎに陥った。宮本顕治をはじめとする指導者は「主流派」から「分派」とされ、共産党が分裂状態に陥った。だが、こうした分裂状態は長続きしなかった。分派騒動に業を煮やしたスターリンの差配の下、宮本顕治たちが「自己批判」をするかたちで共産党に復党したのである。この際、宮本らはスターリンが作り上げた「五一年綱領」を受け容れることを確認した。

当時の共産党の路線を知るためには、一九五一年にスターリンの指導下で作成された「日本共産党の当面の要求――新しい綱領」、通称五一年綱領を一読しておく必要がある。

綱領の基本的な時代認識は、米国の帝国主義が日本人民を搾取《さくしゅ》しており、その搾取を代行しているのが吉田内閣だ、というものだ。

綱領では次のように、アメリカ、吉田内閣を否定している。

「アメリカ帝国主義者が、われわれにもたらしたものは圧迫と奴隷化だけではない。彼らは占領制度を利用して、日本国民を搾取し、わが国から利益を搾りとっている」

「吉田政府は、占領当局の圧制的な略奪的な本質を、かくすためのツイタテである」

「吉田政府は、アメリカ帝国主義者による日本の民族的奴隷化のための政府である」

従って、アメリカの不当な搾取を止めさせるための方策として、まずは吉田内閣の打倒が目指されるべきだと綱領は続けている。

「日本の民族解放をたたかいとるためには、何よりもまず、吉田「自由党」反動政府を打倒し、そのかわりに新しい国民政府を樹立しなければならない」

要するに、日本国民から搾取するアメリカの隠《かく》れ蓑《みの》となっている吉田内閣を打倒し、新たな政権の樹立が必要だと叫んでいるのだ。ここまでは、賛否はともかく、一つの意見として、その意見それ自身が否定されるべきものではなかろう。だが、問題となってくるのが、この新たな政権の樹立の仕方、すなわち、政権奪取の方法論なのである。

綱領は、次のように説く。

「新しい民族解放民主政府が、妨害なしに、平和的な方法で、自然に生れると考えたり、あるいは、反動的な吉田政府が、新しい民主政府にじぶんの地位を譲るために、抵抗しないで、みずから進んで政権を投げだすと考えるのは、重大な誤りである。このような予想は、根本的な誤りである。反対に、吉田政府はじぶんの権力を固守し、占領を存続させるため、かつ、国民をいつまでも奴隷状態にとどめておくために、全力をあげてたたかうであろう。そのために、吉田政府は警察と軍隊を持ち、占領当局の援助をうけ、地主、巨大資本家、さらに天皇とその周囲のものの援助をうける」

新政権を樹立しようと望んでいるだけでは、新政権は樹立できない。それは当然だ。だが、如何なる行動によって、新政権が樹立されるのか。綱領では「平和的な方法」を否定する。吉田内閣が自分たちの地位を守ろうと妥協してくることなど、一切、想定できず、むしろ、占領当局、地主、巨大資本、天皇の援助を受けながら、警察と軍隊で、新政権樹立の動きを抑圧しようとするだろうというのだ。

では、新政権を樹立するためには、何をなすべきなのか。

綱領は説く。

「日本の解放と民主的変革を、平和な手段によって達成しうると考えるのはまちがいである。労働者と農民の生活を、根本的に改善し、また、日本を奴隷の状態から解放し、国民を窮乏の状態から救うためには、反動勢力にたいし、吉田政府にたいし、国民の真剣な革命的斗争《とうそう》を組織しなければならない」

「平和な手段」で「日本の解放と民主的変革」は実行できない。従って、「国民の真剣な革命斗争」を組織的に仕掛けることによってのみ、「日本の解放と民主的変革」が実現するというのである。

こうした武装路線に舵を切った共産党の文書「球根栽培法」も、平和路線を否定し、暴力による革命を肯定している。

「平和的な方法だけでは、戦争に反対し、国民の平和と自由と生活を守闘かい（原文ママ）を推し進めることはできないし、占領制度を除くために、吉田政府を倒して新しい国民の政府をつくることもできない。…（略）…これとの闘いには、敵の武装力から味方を守り、敵を倒す手段が必要である。この手段は、われわれが軍事組織をつくり、武装し、行動する以外にない」

「われわれは、直ちに軍事組織をつくり、武器の製作や、敵を攻撃する技術や作戦などを一般化する初歩的な軍事行動から着手し、更に軍事行動に必要な無数の仕事を解決しなければならない」

●白鳥事件を考える

こうした共産党本部の指示に従って、共産党員はそれぞれ武装闘争を試みた。一九五二年一月二一日に札幌市で共産党対策の指揮を取っていた警察官を暗殺した白鳥事件を皮切りに、五月一日のメーデー事件、六月二四、二五日の吹田事件、七月七日の大須事件が連続して勃発した。白鳥事件は暗殺事件であったが、他の事件はデモが過激化して、火炎瓶を投擲するなどの暴力行為におよぶという事件であった。いずれの事件も決して平和的なものではなく、明確に暴力を肯定する思想のもと、勃発した事件である。

現在、共産党はこれらの事件を党の分派が「極左冒険主義」に走ったものであり、共産党とは無関係と主張しているが、多くの関係者が指摘しているように、実際には、共産党の指導の下で行われた事件に他ならなかった。

例えば、白鳥事件を取り上げてみよう。白鳥事件に関しては、様々な書籍が出版され、種々の説が唱えられている。著名な作家の松本清張氏も、白鳥事件を取り上げ、共産党とは無関係な事件だと主張している。だが、長年白鳥事件を追い続けてきた渡部富哉氏は、厳しく松本清張を批判し、日本共産党が白鳥事件と関わっていたと主張している。渡部氏の『白鳥事件　偽りの冤罪』（同時代社）は、執念の一冊とでも呼ぶべき著作で、白鳥事件の全貌を掴むための必読文献である。

渡部氏はこの時期の共産党の武装路線について次のように指摘している。

「それは、朝鮮戦争に対して朝鮮人民軍と中国人員解放軍支援のために、米軍の後方補給基地である日本の治安攪乱《かくらん》を目的とするものであった。それは国際的な共産主義運動からの要請であり、日本共産党にとって受け入れざるを得ない国際主義の義務とも言えるものだった」

（『白鳥事件　偽りの冤罪』二一七頁）

要するに、朝鮮戦争の勃発に際し、後方攪乱を試みて武装路線に舵を切ったというのだ。

こうした推論は渡部氏独自のものではなく、共産党の関係者自身も次のように語っている。

「だいたいね、俺の時期の軍事委員会は、中央を含めて、日本共産党の軍事行動は、朝鮮戦争の後方撹乱だって意識していたと思うよ。少なくとも、俺はそうだったし、俺の心安いやつらは、だいたいそうだったね」

（大窪敏三『まっ直ぐ』南風社、二一四頁）

朝鮮戦争という国際的事件に呼応し、後方地域を撹乱するために、日本共産党は武装路線に走ったのだ。こうした後方撹乱のための作戦の一つが「白鳥事件」に他ならなかった。

白鳥事件の勃発する前年末、北海道では激しい労働運動が起こっており、抗議する市民たちの市役所への座り込みは幾日にも及んだ。こうした労働運動を沈静化しようと陣頭指揮を執っていたのが、札幌市警察の白鳥警備課長に他ならなかった。日本共産党札幌委員会の委員長であった村上国治は、白鳥課長の日常行動を調査し、毎日自転車を使って出勤していること、帰宅時間など白鳥課長の日常生活に関して様々な調査を行った。こうした調査後、実行犯が白鳥課長を殺害した。自転車で帰宅中の白鳥課長は、背後の自転車から拳銃で撃たれ、即死したのである。

未だに犯人を確定することは難しいのだが、渡部氏は様々な資料を渉猟した結果、日本共産党員の佐藤博が犯人であったと述べている。私も基本的にこの渡部氏の説を支持している。

渡部氏が引用している追平雍嘉の手記が、生々しい。

「「やったなー」とこたつのわきに立ったままでいうと、「だれがやったと思う」と、ヒロが真剣な顔付でいうので、「君だろう」というと、「うーん、どうしてわかった」と多少警戒するような様子で、又どうしてわかったのだろうという顔付で、あわてたようすであった」

（『白鳥事件　偽りの冤罪』七三頁）

私はこの証言を読み、そして、膨大な資料を読み込んだ渡部氏の推論に全く賛同し、この佐藤博なる人物が白鳥事件の実行犯であったのではないかと思う一人である。だが、問題の本質は佐藤博なる人物が白鳥事件の実行犯であったか否かではなく、共産党の武装路線で、実際に警察官が殺害されているという事実にこそ注目すべきなのだ。

●白鳥氏暗殺以降の驚くべき発言

驚くべきなのは、白鳥事件の翌々日、「日本共産党札幌委員会」の名前で恐るべきビラが撒かれたという事実である。このビラの文言は、まさに革命家の論理に基づいて選ばれた文言である。

ビラには次のような文言が見られる。

「自由の凶敵！　白鳥市警課長の醜い末路こそ全ファシスト官憲共の落ゆく運命である」

「白鳥の死は決して彼一人の問題ではない。悪質なる自由の敵、民族の敵どもがいまにしてなお反省しないとするならば、すべて第二の白鳥にならないと誰が保障できようか」

自分たちの意見を聞き入れようとしない人々を全て「ファシスト」と断定し、そういう人々が殺されるのは致し方がないという論理であり、自由民主主義社会では通用しない革命家の論理である。

日本共産党の村上由氏は、一月二三日にこの白鳥事件、そしてビラの配布は、「でっち上げ」だと主張し、こうした「天誅」などという言葉を使うはずがないと主張していたのだが、翌日の二四日になると、前日の主張を撤回し、次のようなテロルを擁護する恐るべき発言をしている。

「白鳥氏の今日までの行動は全市民衆知の通り全く労働者の生活をふみにじりファッショ的弾圧に終始している。このような基本的人権をふみにじる野獣のような行動に対しては、国民の自由と独立を守るため断固実力を以ってしても反撃しなければならぬし、またかく闘うことが愛国的行動といわねばならない。したがって犯人は他にあるのではなく白鳥氏自身のファッショ的行動自身にあるべきだと思う」

日本共産党の村上なる人物の論理に従えば、白鳥氏は「基本的人権をふみにじる野獣」のような行動に終始していたから、殺害されてもそれは自業自得ということになる。これほど出鱈目で独善的な強弁も少ないだろう。誰がどのように考えてみても、「基本的人権をふみにじる野獣のような行動」とは、自分たちの意に沿わぬ人間を殺害してしまうという行動のことを指すのであり、その逆ではない。

●共産主義という独善的主張

現在、日本共産党は、白鳥事件との関与を否定しているし、この暴力路線に走った時代を隠蔽しようとしている。だが、共産主義社会を実現するためには、暴力を行使しても構わない、基本的人権を踏みにじっても構わないという独善的なテロルの論理に支配された一時期があったということを我々は決して忘れてはならない。

結局のところ、共産主義社会という現実には存在し得ない社会を妄想し、そうした妄想に取りつかれて、「未来」のために現実に生きている人々の基本的な人権を踏みにじるのが共産主義者なのだ。これはロシアだけの問題ではなく、世界中の共産主義者に共通する特徴であり、日本の共産主義者も例外ではない。

日本の「リベラル」を自称する知識人たちは、共産党に対して極めて融和的な姿勢を示しているが、このこと自体が異常な行為である。ナチスの危険性が知られている一方、日本では共産主義の危険性については、ほとんど認識されていないのが現状だ。多くの知識人たちが本質的には同じ性質を有するナチズムと共産主義を全く別の政治体制として語り、共産主義者が犯してきた数々の犯罪行為から目を背けているからだ。本当に自由、平等を愛し、一人ひとりの基本的人権を守るべきだと考えるのならば、反全体主義の立場、即ち、反ナチズム、反共産主義の立場に立たざるを得ないはずなのだが、日本では「リベラル」を自称する知識人たちは共産主義に対して極めて融和的である。歴史の真実から目を背け、自分たちの見たいものしか見ようとしない態度は、まさに「反知性主義的」態度であるといわざるをえないであろう。

第6章

これからの「リベラル」への提言

——見直すべき河合栄治郎

河合栄治郎という思想家

●左右の全体主義と闘った河合栄治郎

本書では繰り返し日本における奇怪で特殊な「リベラル」の言説を批判してきた。ところで本来リベラルとは何を意味しており、どうあるべきなのだろうか。

現代リベラリズムの基礎となっているのは、ジョン・ロールズだ。彼が『正義論』を執筆して以来、リベラルの意味が確実に変化した。本書では、政治思想におけるリベラルの変遷を追う余裕はないから、結論だけいっておくと、私はロールズ以降のリベラリズムではなく、ロールズ以前のリベラリズムを再検討する意味があると考えている。

具体的に挙げると日本の河合栄治郎という思想家のリベラリズム論が、今日における「リベラル」に大きな影響を与える可能性があると考えている。勿論、過去の思想家の思想を参照するということは、その思想を金科玉条のごとくに崇《あが》め奉《たてまつ》り、自らの言説の一言一句に至るまで、思想家の基盤の上に拠らねばならないということではない。そうした狭隘《きょうあい》なイデオロギーは、思想的には愚昧《ぐまい》であり、政治的には危険なものだ。過去の言説は、過去の文脈の中でしか捉えられない部分も存在しており、それをそのまま現代に持ち込んでも無駄である。

河合栄治郎といっても、多くの人は、その名を聞いたことすらないかもしれない。確かに教科書で触れられることもなく、現在では忘れられた思想家の一人といっても過言ではあるまい。近年、湯浅博氏が『全体主義と闘った男　河合栄治郎』（産経新聞出版）という優れた評伝を上梓したが、まだまだその名が国民にあまねく知れ渡っているとは云いがたい状況にある。

彼の自由主義思想を紹介する前に、極簡単にその生涯を紹介しておこう。

河合栄治郎は、戦前の日本における経済学者だということになっている。確かに彼は東京大学の経済学部に所属していた大学教授なのだから、「経済学者」であるという説明は間違いではない。だが、彼の全集を読んで明らかなのは、彼の本質は、思想家であり、言論人であり、教育者であるということだろう。専ら論じたのは自由主義の擁護であり、大学教育についてであった。

河合は文字通り左右の全体主義と闘った思想家だった。若き日の栄治郎は、大学の研究室で『日本職工事情』の二つの「付録」を読み、「涙なくして閉じることはできない」と衝撃を受けた。『日本職工事情』の本編には統計数字が記されていたが、「付録」には女工の虐待や蹂躙に関する実例が生々しく描かれていた。こうした弱者への眼差し、思い遣りが栄治郎の自由主義思想の根幹にあったというべきであろう。彼は大学に残り指導教授の後継者となる選択肢もあったが、官僚として労働問題を是正すべく農商務省に入省する。貧困ゆえに涙を飲んでいる人々を実際に救うのは「学者」ではなく、「官僚」との判断からのものであろう。

入省後、持ち前の才能と努力によって栄治郎は異例の出世を遂げたが、栄治郎の目的は栄達それ自体にはなかった。あくまで労働問題の解決こそが栄治郎の願いに他ならなかった。

だが、官僚として実際に労働問題を解決することは困難だった。第一次世界大戦後、彼は日本の労働政策の根幹となる政府原案を起案するように命ぜられた。渾身の力を込めて政府原案を作成したが、前例主義、権威主義の官僚たちの反対によって、日の目を見ることはなかった。

ここで官僚組織に見切りをつけた栄治郎は官を辞し、紆余曲折の後に東京帝国大学の助教授に迎えられる。ここから栄治郎は左右の全体主義と対峙する論陣を張ることになる。大正時代に知識人の間で流行したマルクス主義を栄治郎は果敢に攻撃した。後に五・一五事件等軍部が台頭し、言論の自由を弾圧し始めると、栄治郎は猛然と軍部を批判し始めた。彼にとって守るべきは「自由」に他ならなかったからである。内務省は栄治郎の著作を禁書とし、栄治郎は大学を追われ、危険思想の持ち主として刑事被告人ともなった。

軍部を猛然と攻撃し、体制から危険視された栄治郎は、対英米戦争にも反対していた。だが、大東亜戦争が開始されると、勝算に関しては極めて悲観的でありながらも、「祖国の運命に対して、奮然として起つことのできない国民は、道徳的の無能力者である」と断じて、祖国のために闘う重要性を説いた。

社会的弱者への愛情、左右の全体主義と闘う気概、幅広い読書に裏打ちされた論理、そして、祖国への燃え上がるような愛国心こそが栄治郎の真髄であった。フランスの科学者パスツールの「学問に国境なく、学者に祖国あり」との言葉を文字通りに実践してみせた思想家だった。

「戦闘的自由主義者」とも評された河合栄治郎の言説の根幹には、彼自身の自由主義が存在した。

本章では、この河合の自由主義理解を紹介することで、現代日本のリベラリズムが再生する可能性を模索したい。

●リベラリズムの萌芽としての宗教改革

河合栄治郎が自由主義の萌芽と看做すのが西洋における宗教改革である。具体的には、ルター、カルヴァンといったプロテスタントの流れが自由主義の源流であると捉えている。教会へ納める金銭によって自らの犯した罪を贖《あがな》える免罪符が発行されることをルターは果敢に批判した。ウィッテンベルクで発表した「九五ヶ条の論題」を読むと、ルターは教会に納めた金銭によって罪を赦《ゆる》すことができるという思想を咎《とが》めているのみではなく、人間が人間を赦すという思想を激しく攻撃している。

人間が犯した罪を赦すことができるのは神だけであり、教皇であれ、司祭であれ、いかなる人間も、神ならぬ人間である以上、他者が犯した罪を赦すことはできないというのがルターの信仰である。従って、眼前に貧困者が存在しながら、貧困者を救おうと自らの財を投ずるのではなく、免罪符を購入しようとする者は、当時のカトリックの論理では「贖罪」に値する人間であったが、ルターの信仰に基づけば、神の不興を買う人間以外の何者でもなかった。ルターは、当時、常識とされた教皇を中心とするカトリックの教えを公然と批判し、自らの信仰の正しさを主張したのである。

栄治郎は、ここに「信仰の自由」という自由の思想、すなわち自由主義の萌芽《ほうが》を見出すのだ。従って、自由の中において「信仰の自由」こそが最も早く擁護されるべき自由として現れ出たと解釈するのである。そして、河合はこの自由を支える論理に注目する。すなわち、何故に「信仰の自由」が認められねばならないのかを説明する論理である。河合に従えば、この最初期の「信仰の自由」を求める自由主義者たちを支えた根幹の哲学は「自然法」思想にあったという。

●『アンティゴネー』と自然法

「自然法」とは、人間が作った法律以前に世の中に存在するとされる法である。この「自然法」に関しては、抽象的な説明をするよりも、具体的な事例を挙げた方が理解しやすいので、古代ギリシアの悲劇作家ソフォクレスの『アンティゴネー』を例に挙げながら説明することにしたい。

古代ギリシア都市、テーバイでは王位継承を巡って、二人の王子、すなわち、ポリュネイケスとエテオクレスとが骨肉相食《こつにくあいは》む死闘を演じることとなった。争いに至る経緯は次のようなものだ。前任のオイディプス王がテーバイを去ったとき、両王子が未成年であったため、叔父のクレオンが摂政となった。その後、両王子が成人した後には、それぞれの王子が一年ずつ交代で国王に就任することが定められた。だが、一年を過ぎた後も、国王に就任した次男のエテオクレスは兄のポリュネイケスに王位を譲ろうとせず、兄を国外へ追放してしまったのである。

激怒したポリュネイケスはアルゴスに亡命し、自らの雪辱を果たすため、彼の地の勇将とともに故国テーバイに攻め込んだ。文字通りの死闘の結果、二人の兄弟は一騎打ちで刺し違えて果て、結果として、彼らの叔父のクレオンが国王に就任する。国王クレオンは、祖国テーバイを守り抜くために戦死したエテオクレスを讃える一方で、外国勢力とともに祖国に弓引いたポリュネイケスを「反逆者」として、その死骸を弔うことを禁止し、死骸を晒《さら》すよう布告を出した。そして、仮にこの命に逆らうものは、死刑に処するとも宣言した。

ところで、刺し違えた兄弟には、アンティゴネーという妹がいた。彼女にとってみれば、祖国を守ったと讃えられたエテオクレスも、祖国に弓引いたと糾弾されたポリュネイケスも、自分の兄弟であることにはかわりない。国王クレオンが、ポリュネイケスの死骸を晒しておけと布告したにもかかわらず、アンティゴネーは、兄の遺体を葬る。

妹のイスメネは姉の危険な行為を制止しようと説得する。

「今の世の支配者の言葉どおりにするしかない、いたずらに騒ぎを起こしても、どうにもなりはしないもの」

だが、アンティゴネーは妹の説得を振り切り、祖国の反逆者とされたポリュネイケスを葬る。

事態を耳にしたクレオンがアンティゴネーを咎めるが、彼女は全くクレオンの主張に耳を傾けようとしない。彼女は、血を分けた兄弟の遺骸を放置して、晒し者にしておくことは、テーバイの国法、現生の支配者クレオンの命令に背く行為であっても、永劫《えいごう》の昔より定められた「神々の掟」に背く行為ではないと主張する。従って、「神々の掟」に背く、テーバイの国法、クレオンの命令こそが誤っているというのである。

アンティゴネーの主張が興味深いのは、現前に存在する「法」を超える正義の基準、「神々の掟」が存在し、それら「神々の掟」に反した現世の法律こそ誤っていると主張している点だ。この視点こそが、まさに「自然法」の思想に他ならない。人間の知性には限界があり、世の中には「悪法」としか呼べぬ法律が存在する可能性が否定できない。とりわけ、ナチス・ドイツの政権下で、ユダヤ人が「合法的」に殺戮された事実を思い起こせば、「合法的」であることが、即座に「正しさ」を意味することにはならないという「自然法」の主張には説得力がある。

●リベラリズムの展開

さて、話を河合栄治郎の自由主義思想に戻すことにしよう。栄治郎は、ルターが教皇、そしてカトリックの「常識」とされてきた解釈に「否」の声をあげたことを以て、自由主義思想の萌芽とみなしたことは、先に確認したとおりだが、その「否」を支える論理は、まさしくアンティゴネーがクレオンに対して突きつけた「否」の声を支えた「自然法」の論理に他ならなかったのである。カトリック教会が認めていた金銭によって、教皇という人間が人間を赦すという行いが「自然法」に反しているというのがルターの主張であった。

なお、ここで断っておかねばならないが、自由主義思想、近代リベラリズムの始祖を誰と考えるのかは、思想家の解釈に委ねられており、衆議一決という状況ではない。「近代」「自由」といった概念そのものが思想家によって異なっているために、自由主義思想の始祖もそれぞれの思想家の見解によって異なっている。ここでは、あくまで河合栄治郎という一人の自由主義思想家が、自由主義をどのように捉えていたのかを確認しておきたいのだ。

それでは、「信仰の自由」から始まった自由主義は、次にいかなる発展を遂げたのであろうか。河合栄次郎に従えば、従来の「自然法」に代わって自由主義を基礎づける哲学を構築したのがベンサムに他ならなかった。ホッブズ、ロック、そしてスミスでもなく自由主義を基礎づけたのがベンサムだという栄治郎の指摘はいささか意外な印象を与えるが、栄治郎は次のように指摘している。

「経済的自由をもその一部に含めて、あらゆる自由を打って一丸として、之を貫くに特異の哲学を以てした思想家は、ジェレミー・ベンサムである。彼こそは自由主義の代表的思想家であり、彼に至って自由主義は初めて、その充全なる体系を完備したのである」

（『河合栄治郎全集一一巻　ファシズム批判』社会思想社、二九四頁）

それでは、そのベンサムが構築した新たに自由主義を貫く哲学とはいかなるものだったのだろうか。

やはり栄治郎は説明している。

「認識論に於て感覚論を、人間観に於て快楽主義を、道徳哲学と社会哲学とに於て、『最大多数の最大幸福』を理想とする功利主義をとる大規模の哲学を建て、『最大多数の最大幸福』を実現する方法として、彼れの自由主義という社会思想が基礎付けられたのである。而して、此の体系が自由主義の哲学であり、又現に資本主義に躍動する世界観である」

（前掲書、二九五頁）

「最大多数の最大幸福」とはベンサムの有名な言葉にほかならないが、栄治郎の解釈では、自由主義こそが「最大多数の最大幸福」を実現する手段に他ならなかったというのである。すなわち自由主義の根底には功利主義の哲学が存在していたというのだ。当初、自由主義思想は「信仰の自由」を求めていたが、このベンサムの段階になると自由の範囲は非常に多岐にわたる広範囲なものになっている。この時点における自由について、栄治郎は「信仰上の自由」の他に、以下の自由を列挙している。

身体上の自由、思想上の自由、団結の自由、社会上の自由、家族上の自由、経済上の自由、政治上の自由、地方的自由、団体の自由、国民的自由（国家の独立）

これらの自由の基礎に存在するのがベンサムの「功利主義」の哲学だというのが、栄治郎の主張だが、いささか強引な解釈である。管見に従えば、栄治郎の思索の特徴は、「体系化」にある。彼は「思想体系」を構築することを好む傾向がある。

例えば、後に確認するグリーンという思想家についても『トーマス・ヒル・グリーンの思想体系』という大著を執筆している。確かに体系化というのは、ある思想家の思想を整理するために必要な知的作業であるのは事実であろう。だが、その思想を体系化する際、整然と整理するのに性急な余り、その思想そのものが抱いている曖昧さ、微妙さを捨象してしまう恐れがあるのも事実である。悪く言えば、体系化されてしまった思想とは、イデオロギーに他ならないということになるだろう。

だが、ここでは河合栄治郎の「思想の体系化」という手法に対する批判が主たる目的ではない。批判はここまでとして、先に進むことにしよう。

自由主義の萌芽をルターの宗教改革、就中《なかんずく》、「信仰の自由」への渇望に見出した栄治郎は、当時の資本主義の――そして、現在に至る資本主義の――本質を「最大多数の最大幸福」という言葉に象徴されるベンサムの功利主義に見出した。

それでは、このベンサムの説いた功利主義に基づいた自由主義は改善を必要としない完璧な体制を構築したといえるのだろうか。残念ながら、ベンサムの説いた功利主義に基づく自由主義には限界があった。すなわち、「経済の自由」がもたらした帰結について目を向けざるを得なくなってくるのだ。功利主義の哲学に基づいた自由主義は、貧富の格差を拡大し、その格差は是正されない。こうして、我々は「自由」だけでなく、「平等」の問題へと目を向けざるを得なくなってくるのである。

栄治郎は次のように指摘している。

「自由主義と平等との関係は誠に微妙にして複雑な問題である。唯明らかなことは、あらゆる人は自由を享有《きょうゆう》することに於て平等でなければならぬと考えていたことである。然し問題は自由を平等に享有すべしと云う人そのものが、果して平等であるかどうかである。若し不平等な人間に同一の自由を与えるならば、自由を享有することに不平等が生ぜねばならなくなる。恰《あたか》も富者と貧者に同一の税額を課した時に、課税は同一であろうとも、負担は平等ではなくなるのと同じ訳である。…(略)…結果は経済的自由から労働者階級の惨憺《さんたん》たる状況を生むに至った」

(『河合栄治郎全集一一巻　ファシズム批判』社会思想社、二九八頁)

自由と平等の問題について考える際、まず、重要なのは、自由があらゆる人に平等に享有されていなければならないということだ。この人間に経済的自由は認められるが、あの人間には経済的自由は認められない、などといった状況があってはならないというのは、当然のことだろう。

だが、ここから先が問題だ。果たして、自由は平等に与えられるというが、人間そのものが、たとえば、能力において平等といえるだろうか。顔の美醜、身長の高低、寿命の長短、そして才能の有無。残念ながら、人間は全くの平等な条件の下に生活しているとは言い難いのが現実である。その場合、果たして、人間の能力があたかも平等であるかのように、すべての人々に経済的な自由のみを与えたら、どのような結果になるのだろうか。弱肉強食という状況が生まれ、富める者が益々富み、貧しき者が益々貧しくなる状態が永続することになるだろう。果たして、この状況が望ましい状況といえるのだろうか。

ここで自由主義は第三段階目の進化を遂げると栄治郎は説く。それでは、ベンサムの功利主義に代わりうる思想家、そしてその哲学とは何なのだろうか。

●河合栄治郎の人格中心主義

ここで栄治郎が持ち出すのが、トーマス・ヒル・グリーンである。

グリーンの自由論の前提について栄治郎は指摘している。

「グリーンは先ず自由とは何の為に必要なるかの検討から始めて、社会のあらゆる成員の人格の成長の為に必要であり、またそれによってのみ価値付けられるとした」

（前掲書、三〇一頁）

そもそも自由とは何のために必要であるのか。ルターであれば「自然法」の求めるところだからと応えるであろう。ベンサムであれば、「最大多数の最大幸福」という社会哲学を実現するためと応えるであろう。だが、グリーンは「社会のあらゆる成員の人格の成長の為」と応える。

自由それ自身は、ひとつの状態であり、この自由という状態を意義付ける哲学が重要なのだが、グリーンに至って、「人格の成長」の実現が重要であるとの認識に至る。

栄治郎は説く。

「彼は『最大多数の最大幸福』と云う社会理想に代えるに、『社会のあらゆる成員の人格の成長』という社会理想を以てし、之を以て自由主義を基礎付けた」

（前掲書、三〇二頁）

実は、このグリーンの説く「人格の成長」という理念が、河合栄治郎自身の思想、教育における謂わば「導きの糸」の役割を果たしている。

それでは、ベンサム流の功利主義によって擁護されてきた経済的自由の結果、社会の成員の「人格」は成長を遂げてきたといえるのだろうか。

栄治郎は続けている。

「しかるに当面の経済的自由によって人格の成長を助けられるものは誰か、労働者は之ある為に却って人格成長に必要なる生活条件を欠き、資本家は之によって富を増すことにはなろう。然し、その富は人格成長の条件に不可欠の条件ではないのみならず、逆に富により人格成長を阻止されさえする。十九世紀の初期に於て自由主義が経済的自由を主張したのは、その時にその自由があらゆる人の人格成長の条件だと思われたからである。曽《かつ》て経済的自由を主張したことは誤謬ではなかった、然し今やそれと首尾一貫するが為には、却って経済的自由を抛棄《ほうき》せねばならない、それこそ自由主義の進むべき正道であると云った。かくて彼は労働者の為の保護法規の制定を急務として要求した」

（前掲書、三〇一頁）

社会における各人に「経済的自由」が与えられると、当然のことながら、競争原理が働き、労働者と資本家の二つの階級が現れた。労働者は貧しく、人格成長に必要な生活条件を欠き、人格の成長が阻害されている。また、富裕な資本家は、その巨万の富によって人格の成長が妨げられている。要するに、労働者も資本家もともに「人格の成長」が妨げられているというのが、経済的自由の帰結に他ならなかった。それ故に、かつては各人の「人格の成長」のために必要と思われていた経済的自由が、逆に「人格の成長」を阻害することになってしまったのだ。それ故に、グリーンは労働者のための保護法規の制定を求めた。

さらに歩を進めて河合栄治郎は人格の成長を求める自由主義者であるがゆえに、究極的には社会主義に到達すべきだと指摘している。

「経済的自由を拋棄した新自由主義は、その論理的帰結を窮極まで究めるならば、資本主義を廃止すると云う社会主義にまで到達せねばならない筈である」

（前掲書、三〇四頁）

ここで注意しなければならないのは、ここで栄治郎が云う「新自由主義」とは、昨今のいわゆる「ネオリベ」と称される競争原理を重視する「新自由主義」ではなく、むしろ、その全く逆の位置に存する自由主義であるということだ。昨今の「新自由主義者（ネオリベ）」が経済的自由の拡大を求めるのに対し、河合栄治郎のいう「新自由主義」は「経済的自由の拋棄」を求める「社会主義」を意味しているのである。

ただし、ここで急いで注意を喚起しておかねばならないのだが、河合栄治郎の「社会主義」とは、後に詳細を紹介するが、マルクス主義とは全く一線を画した社会主義であり、その立場は明確に反・共産主義なのである。あくまで、自由主義によって担保されている「思想上の自由」「政治上の自由」を最大限尊重しながら、言論によって社会主義の正統である所以を説き、議会の内部に最大多数の社会主義政党を送り込み、多数決によって、理想を少しずつ現実化していくべきとされているのである。

河合栄治郎は、この人格の成長を目的とする「新自由主義」、すなわち「社会主義」を「理想主義」とも呼んでいる。興味深いのは、この理想主義が「封建主義」「国家主義」「資本主義」と明確に対立すると言明している点である。

栄治郎はこの理想主義を次のように説明している。

「理想主義は人格の成長に最高の価値を置く、既にそこに最高の価値を置くが故に、人格は一切のものを価値付けるもので、価値づけられるものではない。それは目的であって決して手段ではない、凡ゆる人格が目的たることに於て、人はすべて平等である」

（『河合栄治郎全集一二巻　時局と自由主義』社会思想社、一二六頁）

繰り返しになるが、「人格の成長」こそが、全ての価値判断の基準であると明言しているところが肝要だ。人格が全ての基本となる尺度であり、全ての価値の源泉なのである。すなわち、共同体の成員の「人格の成長」に資するものが「善」とされ、「人格の成長」を妨げるものが「悪」とされるのだ。「新自由主義」「社会主義」「理想主義」と様々な呼び方でこれを称しているが、これを「人格中心主義」と呼んで差支えないのではないだろうか。現在、「新自由主義」といえば、市場原理主義を最重視する「ネオリベラリズム」と勘違いされるであろうし、「社会主義」といっても、過去の遺物のような思想とみなされがちである。「理想主義」は、決して間違っていないが、その理想の内容が表されていないため、内実を理解しにくい。従って、ここからは、あらぬ誤解を避けるために、河合栄治郎の社会思想を敢えて「人格中心主義」と呼ぶことにしたい。

●「封建主義」「国家主義」「資本主義的精神」の否定

栄治郎の「人格中心主義」は「封建主義」「国家主義」「資本主義的精神」のいずれにも断固として反対している。

「封建主義」に反対するのは、何よりも生まれを重んずる「封建主義」が、人間が平等であるという「人格中心主義」の前提に反するからである。それぞれの人格を問うのではなく、家柄の良し悪しを問うような「封建主義」は、河合栄治郎にとって悪しき権威主義以外の何ものでもなかった。彼が「国家主義」に反対するのは、栄治郎が国家の存在そのものに反対するからではない。彼は後で確認するように熱烈な愛国者であった。

しかし、国を愛するという国民としての美徳も、あくまで個人の人格の一部分であるというのが、栄治郎の思想である。従って、個人の人格の成長のために国家が必要なのであって、個人の人格以上に国家の存在を重視するような国家主義は、本末転倒していると考えていたのである。

「資本主義的精神」は、何よりも富の追求を重視する精神にほかならぬ以上、個人の人格の成長を第一と捉える栄治郎の「人格中心主義」とは相容れない思想であった。

また、栄治郎は「人格中心主義」において、とりわけその人格を重視すべき人々を次のように描き出している。

「現代に於て特に考慮の埒外に置かれているもの、その故に吾々が鮮明に認識せねばならないものは、プロレタリアと女性と異人種とである」

（『河合栄治郎全集一二巻　時局と自由主義』社会思想社、一二八頁）

河合栄治郎は社会的弱者とされる人々の人格の向上を何よりも重視する思想家だったのである。

河合栄治郎が「人格中心主義」とも呼ぶべき立場に立っていたことは、以上の通り明らかだろう。ここからは、彼が徹底的に戦い抜いた共産主義、国家主義という二つの全体主義との格闘について確認することにしたい。

「共産主義」「国家主義」との闘い

●栄治郎の共産主義批判

時系列的に考えて、共産主義との闘いから確認していこう。ここでは、彼の主著の一つに数えられる『社会政策原理』（『河合栄治郎全集第三巻』所収）、そして『マルキシズムとは何か』（『河合栄治郎全集第一二巻』所収）を中心に彼の反共の論理を概観しておきたい。河合栄治郎が共産主義について反対する理由は幾つかある。具体的には、共産主義の哲学的な基礎となる唯物論、認識論、欲望論、唯物史観について批判している。ここでは「唯物史観」に絞って、その批判を紹介しておこう。

歴史はどのような力によって動かされてきたのだろうか。人類の理想、国家の大義、人々の宗教的な精神だろうか。多くの人々が様々な歴史の局面、局面で、その時代を動かすに至った原因を模索するだろう。だが、「唯物史観」は、こうした歴史の原動力の根本を一つに定めてしまうのだ。確かに、非マルクス主義者たちの目には、人間が理想、夢、大義、イデオロギー等々の様々な観念に突き動かされた結果、歴史が動いてきたようにみえる。しかし、それは唯物史観という歴史を本当に説明できる深淵な歴史観を持たない表層的なものの見方に過ぎない。歴史が動いたその根底には必ず生産力の問題があると唯物史観は説明するのだ。この世の中の全ての宗教、イデオロギー、芸術といった諸観念は、生産力という下部構造に支えられていると彼らは主張するのである。

河合栄治郎は、エンゲルスの著作を参照しながら、唯物史観を次のように説明している。

「静的関係、動的関係は生産力が下にあって、宗教的、芸術的、哲学的の観念形態が一番上にある。下が先に変わってくる。生産力が変わると生産方法が変わり、生産関係が変わり、政治的、法律的関係が変わり、更にこの上の観念形態というものが変わる。上が変わったからと言って下は変わらない、下が変われば上が変わる…（略）…これが唯物史観である。…（略）…意識が変わり人間の精神が変わるということで社会が変わるのではなく、先ず生産力の発展が生産方法を変え、それから意識が変わって行くので、いわば従属物に過ぎないというのである」

（前掲書、三二一頁）

有名なマルクス主義の「唯物史観」だが、この「唯物史観」に対して、栄治郎は実に的確な批判を加えている。それは、仮に歴史のすべてを動かすのが、生産力であるというのならば、何故にマルクス主義者たちは「革命」の必要を説き、国民を革命に駆り立てようと必死になるのであろうか。歴史の必然を信ずるならば、ただ、その時が到来するのを粛々と待てばよいではないか。栄治郎は指摘する。

「唯物史観に立つ者が、…（略）…意識を前提として存在の変革を企図しつつあることは、明らかに唯物史観と矛盾すると云わねばならない」

（『社会政策原理』三七五頁）

「若しもマルキシズムという意識が社会を変化することが出来るというならば、意識が実在を決定する力があることになる。即ちマルキストが革命であると言うそのこと自体が既に唯物史観で説明している議論と反対のことをやっていることになると言える訳である」

（『河合栄治郎全集一一巻　マルキシズムとは何か』三二八頁）

栄治郎の指摘はマルクス主義のジレンマを見事に指摘しているといってよいだろう。共産主義社会の実現が「歴史の必然」であるのならば、何故、人々、あるいは共産主義を信奉する革命家が危険を冒してまで革命活動に従事する必要があるのだろうか。革命が起こるのを受動的に待ち続けていればいいではないか。意識が歴史を動かすわけではないと断定しながら、必然的に到来する共産主義社会を意識的に無理やり起こそうとする共産主義者の努力は、滑稽な努力ということになってしまうのではないか。

まさに共産主義が信奉する唯物史観と共産主義運動の矛盾を鋭く剔抉《てっけつ》した批判といってよかろ

う。こうした矛盾に対して堂々と反論できる共産主義者はほとんど存在しないはずである。また、河合栄治郎は、共産主義運動が、議会主義によるのではなく、暴力主義的な革命路線を取ることを強烈に批判するのだが、この点に関しては、ファシズムの暴力主義を批判する際に併せて確認することにしよう。

栄治郎は左の全体主義、共産主義を徹底的に指弾したために、世の左派勢力から「反動」と目されることもあったが、彼は論敵が左派だから攻撃するという右派の党派主義者ではなかった。後に軍部が台頭する際には、誰よりも早く軍部を批判している。その批判の仕方は激越ともいうべき批判であった。

●栄治郎の軍部・ファシズム批判

一九三二年五月一五日、海軍の青年将校が首相であった犬養毅を暗殺した。いわゆる五・一五事件である。一部の軍人によるクーデタであった。

この事件を見た栄治郎は、「五・一五事件」についての短文を『文藝春秋』に発表している。栄治郎は、五・一五事件に関して次のように指摘している。

「此の事件は単に一回だけ起った孤立的の事件ではなく、日本の広大なる社会層に漲《みなぎ》る思想の表現したものであり、たとえその事件そのものはどう結末が付こうとも、之に表現された思想は今後も永く命脈を保持してゆくであろう。此の運動の特色は右翼のイデオロギーの上に立脚して、社会を改革せんとし、而も改革を武力を使用する直接行動に訴えんとする所に在る」

（『河合栄治郎全集一一巻　ファシズム批判』四五頁）

慧眼というべきであろう。五・一五事件は、五・一五事件だけで終らず、さらに大がかりな二・二六事件を惹起することになる。そして、何よりも重要なのは「右翼イデオロギー」の上に立脚して「社会を改革せん」とする声が高まり、国民もそうした主張を支持するようになっていったということである。軍部を中心とした右からの武断主義的改革が待望されるようになるのである。

栄治郎は、これらの右からの現状改革論が出現した意義については理解を示している。何故なら、彼ら青年将校たちの主張は現代日本の弊害を厳しく突いているからだ。政党の堕落、財閥の横暴、農村の窮乏、中小商工の衰頽《すいたい》、教育の萎靡《いび》。多くの国民が疲弊している際に、国家の選良たるべき政治家は党利党略に明け暮れ、財閥は富を誇りながらも、困窮し、飢えに苦しむ都市労働者、農民を一顧だにしない。こういう状況の中で現状を大胆に変革しようとする思想、主張が生まれてくるのは当然といってよいだろう。

だが、栄治郎は「私はマルキシズムに反対であると共に、右翼改革論に対しても亦反対である」として、断固として、右からの改革、軍部による反議会主義的な改革に反対した。

栄治郎は、軍人が武器を用いて改革を要求することは、あってはならぬことであるという。何故なら、軍人の武器は、祖国防衛等々の社会より定められた任務を遂行するために用いられるべきであり、それが正しい主張であったとしても、自らの主張を貫徹するために軍人が妄りに武器を用いてはならないと考えるからだ。

仮に、国内において圧倒的な軍事力を擁する軍隊が、自分たちの主張が正しいとして、軍事力を行使することが許されるとしよう。この場合、結果として、政治を変革することができるのは軍隊だけになってしまうはずだ。何故なら、国内において軍隊に比肩できる程の実力を有した組織は存在しないからだ。結果として、その他の勢力は軍部の軍事力に怯えて、自由に発言できないという状況に陥ってしまうだろう。

要するに軍部だけが政治を変革する権利を有することになってしまうだろう。軍部だけが政治を変革する資格があるというのは、栄治郎によれば、社会にとって望ましいことではない。何故なら、軍部だけが政治を変革できるということは、その他の成員が政治に参画する権利を奪われるということを意味しているからだ。こうした状況は栄治郎の「人格主義」の立場からは容認できない。何故なら、国家の政治に参画することによって、各人の人格が成長する可能性があるにもかかわらず、そうした可能性が否定されてしまうことになるからだ。

栄治郎にとって何よりも尊重すべきなのは、社会の成員一人ひとりの人格の尊重だ。人格の尊重こそが第一義に考えられるべき基準であり、その他の要因は、この人格の成長に資するか否かによって評価が定まる。「国家」とてその例外ではなく、各人の人格以上に国家を尊重すべきであるという「国家主義」に関して、栄治郎は断固として反対している。
栄治郎は国家主義の特徴を次のように描き出している。

「国家主義とは、国家を以て第一義的に終局的に価値あるものとして、他の一切のものは之に従属し、国家の手段として役立った場合にのみ、その価値を認めるに過ぎない思想を云うのである。…（略）…国家は価値の王座に位し、国家の存続と発展と膨張とが、吾々の最後の目的であり、吾々各人は之が為に生き之が為に死し、之が手段として生き死ぬことによって吾々の存在価値が与えられる」

（『河合栄治郎全集一一巻　ファシズム批判』一一四頁、カッコ内引用者）

総ての価値の中心に国家を置き、個人の人生は、それ自身が尊重されるのではなく、国家のために役に立つか、否かのみが重要な価値を持つというのが国家主義だ。全ての価値の源泉を国家に求めるという思想こそが、栄治郎の批判する「国家主義」の本質なのである。栄治郎はこうした「国家主義」について次のように批判する。

「国家主義は国家と云う全体を第一義的に考え個人を第二義的に考える。…（略）…（個人は）

国家に役立つ限り考慮に置かれるに過ぎない一種の反射的存在に止まるのである。之が国家主義者がどれ程社会の問題の解決に関心を持つにしても、その改革に限界が付けられる所以である」

（前掲書、五七頁、カッコ内引用者）

国家を価値判断の中心に据える国家主義は個人の「人格」の問題を二義的に捉える。その結果、仮に国家にとって役立つのならば、個人の人格の成長を否定することさえ厭わないということになってしまう。栄治郎にとって重要なのは、国家と云う共同体に所属する成員一人ひとりの人格なのであり、個人の人格以上に全体としての国家を尊重する国家主義は本末転倒した価値観といわざるを得ないのである。

●祖国を尊重する人格主義

ただし、ここで大急ぎで指摘しておかねばならないことがある。それは河合栄治郎を戦後に隆盛を極めた反国家主義的な軽薄な「リベラル」と同一視することは大いなる誤りであるということである。確かに栄治郎は国家を全ての価値の源泉とする「国家主義」を厳しく批判し、共同体の成員一人ひとりの人格を尊重する自由主義者であった。しかし、栄治郎は決して国家の存在を蔑ろにする人間ではなかったし、祖国の運命に冷笑的な虚無主義者（ニヒリスト）でもなかった。

国家を防衛する義務について栄治郎は繰り返し説いている。

「我々は自己の祖国を防衛する義務がある。何故なれば祖国が他の祖国に侵害された場合には、他の祖国の言語、風俗、慣習、感情、歴史が我々を支配することになり、我々の独自のものは無視され軽視され、我々の人格の自然の成長は不可能となるからである。従って人格成長を念とする我々が祖国を防衛することは人格から来る道徳的義務である。道徳的義務を果たさずして我々の道徳はなく、我々の道徳なくして我々の人格はない。だから我々が人格に忠ならば、祖国を防衛するのは当然である」

（『河合栄治郎全集第一三巻　私の社会主義』三〇一頁）

「祖国（国家）が他から自由独立を侵害された時は、我々の人格性に対する尊敬が傷つけられ、我々の矜持の念が許さない。…（略）…祖国を守る為には、我々は財を捨て命を抛《なげう》たねばならないとは、人格を最高価値とすることから来る、必然の帰結でなければならない」

（『河合栄治郎全集第一四巻　学生に与う』二四九頁）

自分自身の人格の成長にとって、家族が大切であり、友人が重要であり、師が必要であろう。自分一人で生きている人間など存在しないし、友情、そして、時には激しい激突という他者との交わりの中で自分自身の人格が涵養《かんよう》されていく。そうした自己自身の人格を成長させる一つの要素が国家なのである。誰もが、偶然、その国に生まれる。自分自身で親を選べないように、生まれ育つ祖国を選ぶこともできない。だが、自分自身は、その祖国の言語、風俗、慣習、歴史の中で生まれ育ち、ゆっくりと人格が形成されていく。一人ひとりの人格は生まれつき定まっているのではない。他者との交流、環境の中で緩やかに成長を遂げていくものなのだ。

自己自身の人格を成長させる環境の大きな要因が祖国である。この祖国を守るということは、自分自身の人格を育んできた環境を守るということに他ならない。自己自身の人格を尊重するのであれば、自己自身の人格の形成に大いに資した祖国を守るという義務が生じるのである。

栄治郎は個人の人格よりも国家の利益、権益を第一義に捉える国家主義には断固として反対した。だが、同様に祖国を呪詛《じゅそ》し、祖国防衛の責務を軽んずるような軽薄な非国家主義者でもなかった。彼は国家、社会における成員一人ひとりの人格の尊重を第一義と捉える理想に燃える自由主義者、人格主義者だったのである。

●革命主義の否定

また、栄治郎が左右の全体主義に対して反対した大きな理由の一つに、反「革命主義」を挙げることができるだろう。栄治郎によれば、政治を決する際、「革命主義」に立つか、「議会主義」に立つかの二者択一を迫られるという。「革命主義」とは、何かを「正しい」と信ずる少数者が、暴力を用いてでも「革命」を起こし、国家、国民を強制的に善導していくという政治手法である。

これに対して、「議会主義」とは、劇的な変化は望めず、隔靴掻痒《かっかそうよう》の観はあるものの、議会の議決を通じて漸進的に社会の変化を求めていく政治手法である。栄治郎は右であれ、左であれ、断固として、この「革命主義」を否定した。

「革命主義」に対し、断固として栄治郎が反対するのは、「革命主義」が少数者の特権を認めることになるからだ。

栄治郎は次のように説く。

「第一に社会は全成員の共有物であって、一人、数人又は一部集団の私有物ではない。ファッシストの社会でもなければマルキシストの社会でもなく、又自由主義者の社会でもなく、あらゆる成員が誰に政権を与えるか、いかなる政治を執行せしむべきかを決定する平等の権利を持つのである。特定の主義者が民衆の同意を俟《ま》たないで、〈政権を奪取〉し政治を執行することは、自己と民衆との対等の地位を無視して〈自己のみの特権〉と看做《みな》すものである」

（『河合栄治郎全集一一巻　ファシズム批判』二四四頁）

国家主義者であれ、共産主義者であれ、自分たちのイデオロギーを「正義」を信じて疑わない人々は、正義を体現した一部集団が社会を指導し、成員を強制的に自分たちの「正義」へと向かわせるべきであると考える。だが、社会は特定の一部集団の私有物ではなく、あくまで社会に所属する成員すべての共同体に他ならない。従って、一部の集団だけが恣意的に社会全体の方向性を定めてよいという発想は、特定の集団に特権を与える行為に他ならない。そして、一部の集団に特権を与えるということは、その他の人々の政治に参画する権利を奪う行為でもある。政治に参画する権利を侵害されることは、その人々の存在が蔑ろにされ、軽んぜられることを意味している。社会に所属するあらゆる人が政治に参画する権利を認められ、そうした政治への参画を通じて、それぞれの人格を形成していくべきだと栄治郎は考えるのである。

栄治郎は各人の存在が無視されないこと、すなわち、少数者に特権を与えるべきではないことを次のように説明している。

「私は社会はあらゆる成員の人格の成長を図る為に存在するものと考える。而して人格の成長を図るに必要な条件は、自己も亦無視されない独自の存在であると云う自覚を与えることである」

（前掲書、二四四〜二四五頁）

それぞれの人が「無視」されることなく、政治に参画することが重要なのは、政治において効率を高めるためではない。確かに、効率を高めるためには、優秀な極少数の人間が大多数の民衆の意向を無視して政治決定を行うべきであるかもしれない。だが、重要なのは政治における効率ではなく、社会に所属する成員一人ひとりの人格の形成なのである。一人ひとりが無視されることのないかけがえのない個人であるという自覚を持って政治に参画することが、各人の人格の成長のために重要なことなのだ。たとえ、効率的であろうとも、各人の人格の成長を妨げるような政治体制、政治手法は断固として否定されなければならないというのが栄治郎の信念なのである。「革命主義」を排し、「議会主義」の擁護を説く栄治郎は、多数決についても次のように語っている。

「私は多数の意志が神の声だとも思わず又正義だとも思わない。否ある場合には愚かなる多数という言葉さえ真理だと思うこともある。だがそれにも拘わらず、尚私は多数の意志は理想的の方法ではないが、現実に考えられる最良の決定方法だと思う」

（前掲書、二四八〜二四九頁）

確かに多数決は間違えることが多い。トクヴィルが指摘したように多数決の原理を奉ずる民主主義は「多数者の専制」といった状況に陥る危険があることは否めない。だが、栄治郎はそれでも、多数決を敢えて擁護する。何故なら、他に代替案が存在しないからだ。多数決で誤る可能性があるという事実を否定できないものの、少数者の専横を是とすることはできないと考えるのである。

左右の全体主義と闘った河合栄治郎の自由主義を概観してきたが、私はここに現代日本の「リベラル」たちが真摯に学ぶべきリベラルの姿があるように思われてならない。

●誠実にして苛烈な生き様

改めて、河合栄治郎の全集を読み返してみて思うのは、彼の闘う姿勢の苛烈さ、凜乎たる知識人の清々しさである。

現代日本の「リベラル」たちに欠けているのは、河合栄治郎の真剣さそのものではないだろうか。何故、右の全体主義、ナチズムを許さないという「リベラル」が左の全体主義である共産主義を奉ずる人々に対して寛容でありうるのだろうか。何故、自分たちと意見が若干異なる人々を「軍国主義者」「ナチス」呼ばわりして恥じないのだろうか。

そして何よりも深刻な問題は、日本の「リベラル」の構想力、理念の欠落だ。政府与党の政策に反対の声を上げること自体は結構なことなのだが、彼ら自身が理念として目指す社会とは一体如何なる社会なのだろうか。

誰よりも自由を愛し、左右の全体主義に対して果敢に闘いを挑んだ河合栄治郎は、野放図な経済的自由は、富める人も貧しき人々の人格をも毀損すると喝破した。当初、人々の人格の形成に資すると目された経済的自由には、何らかの歯止めが重要だと考えていた。

日本における政治的保守派の多くが、ハイエク、サッチャー流の「経済的新自由主義」を信奉している現在、そして、「格差社会」の言葉が人口に膾炙している現在、「リベラル」の為すべきことは、徒に反知性主義的な言説を振りまくことではないはずだ。現実を見据えながら、経済的な成長以上に重要なのが、各人の「人格」の尊重であることを栄治郎のように情熱的に説くべきなのではなかろうか。

当然のことだが、戦前の自由主義者、河合栄治郎の主張を全てそのまま現代に甦らせることは不可能だし、金科玉条のように一人の思想家の言葉を重んずるのは、イデオロギーじみており、危険で滑稽な営みであるだろう。だが、戦前の我が国に左右の全体主義と闘い、野放図な経済的自由の危うさを説いたリベラルが存在していたことを閑却《かんきやく》すべきではなかろう。

反知性主義に浸り、いかなる無理筋からでも政府を批判することだけが「リベラル」であると思い込むのが日本の似非「リベラル」である。現代日本の「リベラルという病」の処方箋として河合栄治郎の著作をお薦めしておきたい。

おわりに

本書では一貫して特殊日本的な「リベラル」を批判してきた。本文で繰り返してきたことだが、彼らの特徴はリベラリズムとは無関係な「反知性主義」にある。客観的な事実よりも自分自身の奇妙で楽観的な観念を優先させ、敵対する言説を悪魔化する。日本国憲法の事実、日本を取り巻く安全保障体制の事実、共産主義政権が行ってきた過酷な弾圧から眼を背け、自分たちの無根拠な主張を繰り返し、自分たちの主張に反対する人を「軍国主義者」「平和の破壊者」と決め付ける。

私は言論の自由が大切だと考えているから、彼らが発言する自由を奪えなどと主張するつもりは毛頭ない。しかし、彼らの言説とは真っ向から対立する言説も存在しているのだということを強く主張したいと思い本書を執筆した。

「リベラル」は憲法九条が変更されれば、日本は軍国主義国家になり、戦争を始めてしまうと主張する。また、徴兵制が導入されてしまうとも主張していた。だが、私の主張は違う。日本の平和を守るためにこそ、そして立憲主義を守りぬくためにこそ、憲法九条を変更し、自衛隊を憲法上に明記すべきだと説いている。私は戦争など望んでいないし、平和を愛する一人の国民である。彼らとは手段が違うだけだ。

日本国憲法は、敗戦後日本の主権が奪われた状況の中で強制された憲法である。「リベラル」

が何をどのように主張しようとも、こうした事実を否定することはできない。そして、当初は、自衛戦争をする権利すら放棄すると時の総理大臣が表明していたのだ。こうした憲法を戴きながら、解釈改憲によって自衛隊を存在させるには無理がある。日本を守るための自衛隊の存在がおかしいのではない。自国の防衛すら禁じるようにしか読めぬ憲法の条文が異常なのである。

日本の「リベラル」は共産主義勢力に対して、極めて融和的だが、二〇世紀の悲しい現実を虚心坦懐に見つめてみれば、共産主義という思想が惹起した大惨劇が浮かび上がってくるだろう。人間を人間として扱わぬ非人道的な狂気を自由民主主義社会は受け容れることができない。スターリンや毛沢東といった政治的責任者に責任があるのは当然だが、その根源に存在する共産主義思想そのものが、個人の自由を抑圧することを前提とした思想であることは否定できないだろう。

日本国憲法、そして、安全保障政策において、事実を認めたうえで、現実的な政策を提案すること。

共産主義思想の恐るべき破壊力に向き合うこと。

私は「リベラル」がその反知性主義から脱して、まっとうなリベラリズムが日本に定着することを強く望んでいる。真のリベラリストは真の保守主義者と重なり合う部分が大きいと信じている。そのためには、この二つの条件がどうしても欠かせないと痛感しているのだ。「リベラル」たちが、その反知性主義を脱却することに本書がいささかでも貢献できたら幸いである。

本書は、本井敏弘編集長と打ち合わせをする中で、構想され、出版にまで漕ぎ着けることが可能となった。深く御礼申し上げたい。よき編集者と巡り合うことは著者にとって幸運なことである。全ての文責は私にあるが、多くの助言を頂いたことに御礼申し上げたい。

最後になるが、常に心配ばかりかけている両親に感謝の念を述べ、筆を置くことにする。

平成三〇年一月九日　岩田温

岩田 温の好評既刊本

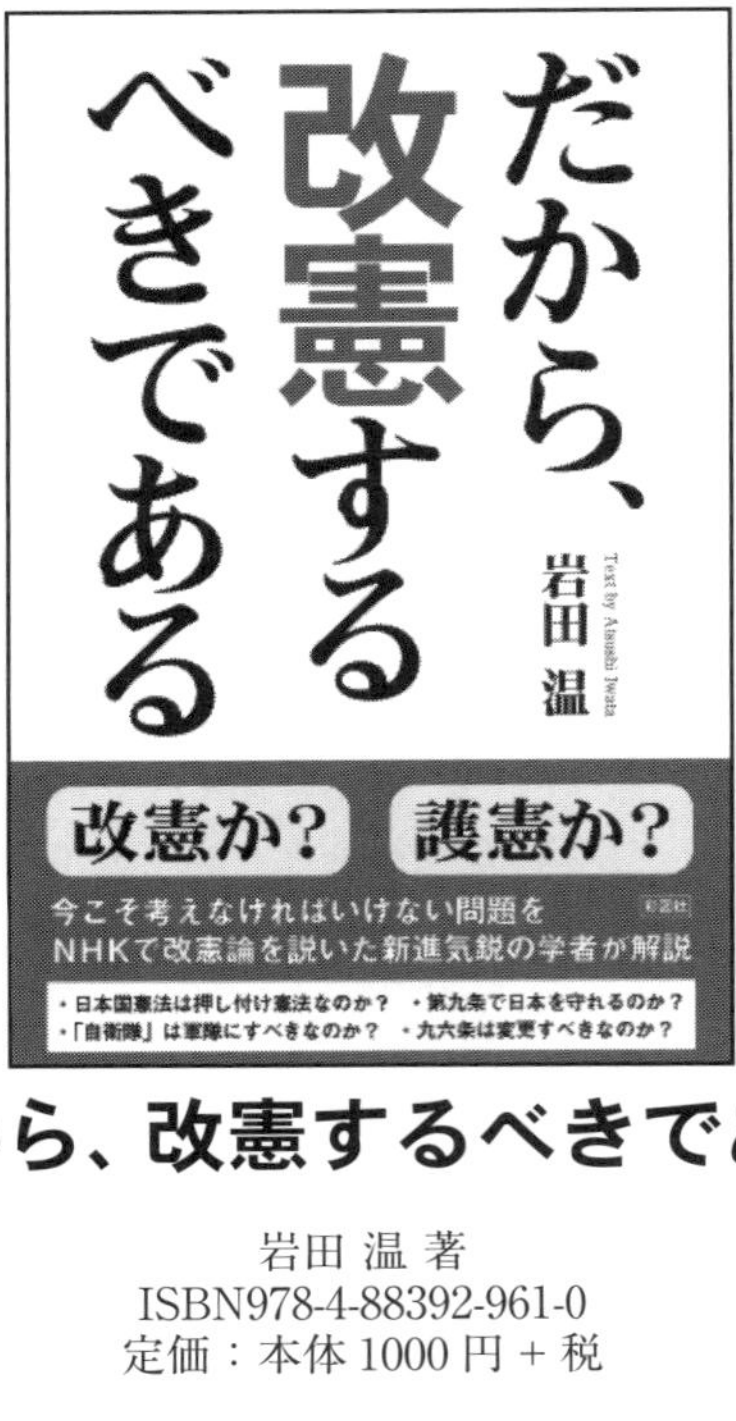

だから、改憲するべきである

岩田 温 著
ISBN978-4-88392-961-0
定価：本体 1000 円 + 税

北朝鮮の脅威、膨張を続ける中国、尖閣諸島問題や竹島問題、北方領土問題……。日本をめぐる国際情勢は厳しさを増す一方である。今のままの日本国憲法で、日本は生き残っていくことができるのか？

本書では、日本国憲法の抱えている問題点や矛盾点をやさしく解き明かし、現実的な改憲を提案する。

岩田 温の好評既刊本

人種差別から読み解く大東亜戦争

岩田 温 著
ISBN978-4-8013-0087-3
定価：本体 619 円 + 税

1919 年パリ講和会議で日本が提出した「人種差別撤廃案」はアメリカやイギリスの反対で否決され、カリフォルニアでは激しい日本人排斥運動があった。

なぜ、日本人は戦争を選んだのか？　そして、日米開戦当時、なぜ多くの日本人が開戦を支持したのか？

「人種差別」の観点に着目し、この疑問に迫っていく。

著者略歴
岩田　温（いわた・あつし）
昭和58年生まれ。早稲田大学政治経済学部卒業、同大学大学院修了。
現在、大和大学政治経済学部専任講師。専攻は政治哲学。
著書に『だから、改憲するべきである』『人種差別から読み解く大東亜戦争』（ともに彩図社）、『平和の敵 偽りの立憲主義』（並木書房）『政治とはなにか』（総和社）、『逆説の政治哲学　正義が人を殺すとき』（ベストセラーズ）等がある。

「リベラル」という病
奇怪すぎる日本型反知性主義

平成30年2月20日第一刷
平成30年2月21日第二刷

著　者　　岩田　温

発行人　　山田有司

発行所　　株式会社　彩図社
　　　　　東京都豊島区南大塚3-24-4
　　　　　MTビル　〒170-0005
　　　　　TEL：03-5985-8213　FAX：03-5985-8224

印刷所　　シナノ印刷株式会社

URL：http://www.saiz.co.jp
　　　https://twitter.com/saiz_sha

© 2018. Atsushi Iwata Printed in Japan.
ISBN978-4-8013-0283-9 C0031
落丁・乱丁本は小社宛にお送りください。送料小社負担にて、お取り替えいたします。
定価はカバーに表示してあります。
本書の無断複写は著作権上での例外を除き、禁じられています。